1146

3395

ŒUVRES

PHILOSOPHIQUES

DE SAINT-LAMBERT.

TOME V.

ŒUVRES PHILOSOPHIQUES

DE SAINT-LAMBERT.

TOME CINQUIEME.

Ce volume contient *Essai sur la Vie de Bolingbroke*, *Essai sur la Vie d'Helvétius*, et les *Deux-Amis*, conte iroquois.

A PARIS,

CHEZ H. AGASSE, IMPRIMEUR-LIBRAIRE,

RUE DES POITEVINS, n°. 18.

AN IX.

ESSAI

SUR LA VIE

DE

BOLINGBROKE.

AVANT-PROPOS.

Ces mémoires ont été composés en 1753, peu de tems après la mort de milord Bolingbroke : ce fut milord Hyde, son disciple et son ami, qui me proposa de les écrire. Je voyais souvent et j'honorais milord Hyde ; j'acceptai sa proposition, mais j'exigeai qu'il me donnât les instructions dont je croyais avoir besoin ; je les ai reçues, et cet ouvrage venait d'être terminé ; j'allais jouir des critiques de milord Hyde, lorsqu'une chûte de cheval lui ôta d'abord la raison et bientôt la vie.

J'ai consulté, sur les vérités des faits contenus dans ces mémoires, quelques Anglais instruits, et entr'autres M. Mallet, auteur de la *Vie de Bacon*, et de la *Vie de Marlborough*. Je me suis conformé à ses critiques.

Milord Buckley, qui a vu aussi ces mémoires, me dit qu'il croyait, sans cependant en être bien sûr, que le portrait de Varton, par Pope, doit être celui du fils de ce Varton. Dans le doute où je suis resté, je n'ai point ôté ce portrait, parce qu'il est charmant et qu'il n'est point connu dans notre langue.

ESSAI
SUR LA VIE
ET
LES OUVRAGES
DE MILORD BOLINGBROKE,

Pour servir à l'Histoire de la reine ANNE et de GEORGES premier.

JE me propose moins d'écrire la vie de milord Bolingbroke, que des mémoires sur les affaires où il a eu part. Je dirai quelques mots sur sa vie privée, parce qu'elle est souvent celle d'un philosophe et d'un citoyen, et que dans une période de 40 années, qui ont été les plus beaux momens de l'Angleterre, il a été l'ami ou l'adversaire des hommes les plus célebres dans les affaires, la guerre ou les lettres.

J'avoue que dans ses écrits j'ai vu quelquefois l'homme de parti, l'esprit de faction nuire aux lumieres. Il y a quelques erreurs et des sophismes qui ne peuvent être utiles qu'un moment, et à sa cause ; mais il y a aussi de grandes vues sur l'homme et sur les gouvernemens, il y a quelques vérités neuves, et qui doivent être éternelles. Que m'importe les Toris ou les Wighs, Bolingbroke ou Walpole ? Je ne veux voir dans ce qui reste du premier que ce qui peut être utile aux hommes de tous les tems.

Je dirai un mot de sa naissance, parce qu'une naissance illustre impose des devoirs, et qu'il les a remplis.

On prouve par des registres conservés à la Tour de Londres, et par des titres enlevés des anciennes abbayes, que la maison de Portt a possédé de grands fiefs avant la conquête de l'Angleterre par Guillaume-le-Conquérant. On voit un Saint-Jean, maréchal général-des-logis de l'armée normande, se signaler à la bataille de Hastings. Il épousa l'héritiere de la maison de Portt, et en eut plusieurs enfans. Son petit-fils Jean de Saint-Jean fut chargé, sous Guillaume-le-Roux, d'une expédition dans le pays de Galles. Il y prit le château de Falmouts, qui lui fut donné par Guillaume, et depuis possédé par ses descendans. Un d'eux, sous le roi Jean, commanda dans le comté de Southampton ; un autre, sous Edouard Ier., est cité dans le parlement comme baron de Farings.

Cette maison s'est divisée en plusieurs branches, de Bletchoë, de Trégoze, &c. elle s'est alliée avec les premieres maisons d'Angleterre et le sang de ses rois. Les Saint - Jean ont toujours été riches et puissans. Ils ont rendu des services immortels à leur patrie, en fondant des colléges à Cambridge.

Il est à remarquer que le docteur Patrice, devenu évêque d'Ely, après avoir été chapelain de Walther de Saint-Jean, parla encore avec respect de son ancien maître ; il le justifia du reproche de puritanisme dont on l'avait accusé. Evêque, il dédia ses livres au seigneur dont il avait été le domestique. Ce Walther de Saint-Jean, aïeul du Saint-Jean dont j'écris les mémoires, représenta dans le parlement pour la comté de Wiltz, sous les regnes de Charles II et de Guillaume III ; il mourut en 1708, à l'âge de 87 ans ; il étoit fort riche, et partagea toute sa vie ses biens avec les pauvres. Je ne devais pas oublier cette illustration dans la généalogie d'un ministre philosophe. Walther de Saint - Jean n'eut qu'un fils, qui épousa Marie, fille du comte de Warwick. Elle lui

donna en 1672, sous le regne de Charles II,
Henri de Saint-Jean , depuis vicomte de Bolingbroke. (1)

Walther eut le plaisir de voir croître sous ses
yeux l'héritier de son fils , et de contribuer à
le rendre digne du rang qu'il devait avoir dans
sa patrie. Après avoir perfectionné son éducation, il l'introduisit dans le monde, il l'ins-
truisit aux affaires , il lui apprit à marcher
à la fortune par de belles voies ; il n'avait dû
lui-même sa place dans le parlement ni à ses
richesses , ni à ses protecteurs ; elle lui fut
offerte par ses concitoyens, et il l'accepta pour
les servir.

Les ennemis de milord Bolingbroke ont prétendu que son père et son aïeul l'avaient élevé
dans la religion des presbytériens ; mais il n'est
pas vraisemblable qu'ils aient été de cette religion. Le docteur Patrice aurait-il osé dédier
à des non-conformistes un ouvrage en faveur
de l'Eglise dominante ?

Henri Saint-Jean entra dans le monde avec
tous les avantages qui doivent y faire réussir.
Sa figure était agréable , il avait dans les ma-

____

(1) La *biographia britannica* fixe la naissance de Bolingbroke à 1672.

nieres cette liberté noble et cet empressement aimable que donnent l'envie et l'espérance de plaire. Sa mémoire était prodigieuse, et tout ce qu'il savait lui était utile. Sur quelque matiere qu'il voulût parler, il se rappelait sur le champ ce qui pouvait avoir quelque rapport à son sujet. Il voyait promptement et bien quand il n'imaginait pas. On disait du comte de Strafford qu'il avait lu beaucoup de théologiens pour apprendre à faire des distinctions. Saint-Jean n'eut pas besoin d'un pareil secours. S'il ne parut pas, dans sa premiere jeunesse, qu'il dût réfléchir beaucoup, c'est qu'il lui en manquait l'occasion, et qu'il était placé au-dessous de son génie. Il avait une extrême justesse d'esprit, et, pour ainsi dire, le sentiment du vrai ; il avait du goût, c'est le sentiment du beau : ces deux qualités peuvent être séparées, il les réunissait. Il aimait tous les arts, surtout la poésie, et la lecture des poëtes donnait encore des graces à son imagination. Il fit des vers ; il se lia avec Dryden, le plus grand poëte que l'Angleterre ait eu depuis Milton, et que le seul Pope a surpassé. Saint-Jean aima tendrement Dryden. Les fables de ce poëte sont ses derniers ouvrages, et les dernieres de ses fables sont ce qu'il a fait de mieux. Pope assure que la critique éclairée du jeune Saint-Jean fut fort utile au vieux poëte. Il fallait du courage pour être l'ami de Dryden ; Londres l'admirait depuis trop long-tems pour l'aimer beaucoup ; il avait écrasé de petits rivaux, et leurs cabales lui avaient fait de grands ennemis. Ses pieces de théâtre avaient eu beaucoup de succès ; il est vrai qu'on n'y trouvait pas cette prodigieuse variété de caracteres qu'on ne trouve que dans le théâtre de Shakespeare ; on n'y admirait pas ces expressions énergiques d'une passion profonde, d'une fureur réfléchie, de ce sublime affreux, de ces sentimens rares, mais naturels, qui dans Macbeth et Othello font frissonner et arrachent des larmes ; mais il y a dans les pieces de Dryden moins de licence que dans celles de Shakespeare. Il y a beaucoup de ces vers qu'on retient aisément, parce qu'ils disent mieux qu'on ne l'a dit encore, ce qu'on a souvent senti ou pensé soi-même. Dryden était mal avec la cour, et Saint-Jean le protégeait au milieu de la cour. Le roi Jacques second, à son avénement, avait nommé Dryden son poëte. Après la révolution, Guillaume III fit dire à Dryden qu'il lui laissait sa charge de poëte de la cour. Dryden répondit qu'il ne voulait rien devoir à l'ennemi de son bienfaiteur. On lui proposa d'écrire la vie de ce prince. Dryden répondit que dans la vie de Guillaume il y avait plus à cacher qu'à publier. Ce grand homme n'ayant plus pour vivre et pour faire subsister une famille qu'il aimait, que le produit de ses ouvrages, fut long-tems plus fécond et moins estimable. Mais les secours de Saint-Jean le mirent en état de travailler plus lentement à la traduction de Virgile. Dans cette traduction cependant, l'Anglais donne trop souvent de l'esprit au Romain ; il ne lui rend pas ses expressions, et lui prête des tours. Saint-Jean fit des vers à la louange de cet ouvrage, et ces vers prouvent moins de talens pour la poësie que d'amitié pour Dryden. Ce poëte mourut en 1700. Il n'observait guere mieux les bienséances du monde que les regles de son art ; il n'était pas plus un homme poli qu'un écrivain correct : dans tout ce qu'il écrivait, on trouve le feu du génie et de véritables beautés. Il fut regretté de Saint-Jean, qui dès ce tems était l'ami de plusieurs hommes de lettres dont les noms sont devenus célebres ; il n'était pas né pour préférer les hommes médiocres, et Pope fut celui de ses amis qui lui devint le plus cher. Saint-Jean aimait beaucoup les femmes, et il n'était pas fort délicat sur le choix de ses plaisirs ; il dut peut-être s'en féliciter. Le libertinage et le besoin des sens laissent plus le tems et le pouvoir de méditer et de s'instruire que l'égarement de l'imagination. Son ayeul et son pere voulurent le marier, et ils lui firent épouser l'héritiere de Henri Winchescomb de Buckleburg, chevalier baronet dans le comté de Berks. C'était un gentilhomme fort riche qui descendait de ce Jacques Winchescomb si fameux dans l'histoire d'Angleterre.

Jacques était un fabricant de draps de la ville de Newburi, qui fit habiller à ses frais cent de ses ouvriers, et vint à leur tête offrir ses services à Henri VIII. Ce prince faisait la guerre en Ecosse ; et Winchescomb, satisfait d'avoir contribué au succès de la bataille de Flodden-Field, dans laquelle le roi d'Ecosse perdit la vie, revint tranquillement à ses manufactures, continua d'enrichir sa patrie, fit des biens immenses à ses concitoyens, et à sa mort, crut mettre le comble à ses belles actions, en privant ses héritiers légitimes d'une partie de ses richesses qu'il donnait à des moines opulens. Les dernieres volontés des hommes ne sont presque jamais que leurs dernieres faiblesses.

L'année de son mariage, Saint-Jean fut élu

membre du parlement, et représenta dans la chambre des communes pour le bourg de Wotton. Il avait alors plus de réputation qu'on n'en a d'ordinaire à son âge. On sentit qu'il pouvait être utile, et la voix publique le nomma.

Il parut d'abord très-attaché au parti des Toris. On lui a reproché depuis d'être passé dans le parti des Wigs. Pour connaître de quelle valeur serait ce reproche, quand même il serait fondé, et pour répandre plus de jour sur ces mémoires, il faut dire un mot de ces partis qui ont si long-tems agité l'Angleterre.

Charles Ier s'était trouvé sans ressources quand il avait été obligé de soutenir la guerre contre l'Ecosse. Il vit un grand nombre d'Anglais se joindre aux Ecossais révoltés ; il convoqua un parlement dont le premier soin fut de donner des bornes à la puissance royale ; mais les communes de ce parlement, dirigées par des hommes ambitieux, voulurent usurper l'autorité du roi et des seigneurs, et changer en république le gouvernement d'Angleterre. Charles n'avait eu d'abord que des ennemis, il retrouva quelques sujets.

Il se forma deux partis, celui des royalistes composé de la noblesse attaquée par les communes, et des partisans de l'église anglicane à laquelle Charles avait voulu réunir de force toutes les sectes ; celui du parlement, composé des sectaires qui avaient à défendre la liberté de leur conscience, et des Anglais moins effrayés des entreprises du parlement que de l'ambition du roi. Ce dernier parti fut victorieux, et l'autre gémit long-tems accablé du joug de Cromwel. A la mort de cet usurpateur, le parti des royalistes redevint le plus nombreux, et la nation entiere favorisa le rétablissement de Charles second.

Dans les premiers momens du regne de ce prince, il ne parut aucune division dans les esprits. Le duc d'Albemarle qui avait mis son roi sur le trône, Clarendon, ministre sage, qui rétablissait la constitution de l'Etat, contenaient par leur conduite et par leur crédit ceux qui auraient tenté de réveiller de vieilles factions ; mais à la mort du duc d'Albemarle, les partis se ranimerent. Inspiré par son frere et par des courtisans beaux-esprits, faits tout au plus pour amuser, et jamais pour conseiller des rois, Charles fit des fautes que Clarendon ne put empêcher, et dont le peuple fit des crimes à ce ministre. Il fut lâchement abandonné d'un prince qu'il gênait quelquefois et qu'il servait toujours bien.

Ce fut alors que du débris des parlementaires se forma le parti des Whigs dont les uns étaient républicains outrés et ennemis de l'église ; les autres, en plus grand nombre, craignaient seulement la perte de la liberté et l'intolérance.

Du débris des royalistes se forma le parti des Toris dont un petit nombre favorisait l'autorité du prince et des évêques, et le grand nombre ne voulait que leur assurer une autorité limitée. La plus grande partie des Toris et des Whigs voulaient conserver la constitution de l'Etat, mais les Whigs penchaient plus à diminuer et les Toris à établir le pouvoir des rois et de l'église.

Quand Dunkerque fut vendu à la France, quand Charles reçut depuis des subsides de Louis XIV et fit la guerre à la Hollande, quand des flottes et des troupes anglaises combattirent pour la France, les Whigs firent entendre des cris d'indignation ; ils pensaient qu'un jour Charles ou son frere seraient soutenus contre leurs sujets, comme Louis était défendu contre ses ennemis. Quand Jacques II fut sur le trône, il crut gagner les Whigs en affectant la tolérance, mais ils virent le piége et sentirent qu'ils n'auraient pas obtenu de graces, s'ils n'avaient dû les partager avec les catholiques. Quand Jacques cessa de dissimuler ses projets de conversion, les Whigs et les Toris éclaterent; les uns et les autres appellerent Guillaume en Angleterre; les Toris pour que ce prince protégeât l'église et les lois, et les Whigs pour le couronner. Sous le regne de Guillaume, les Whigs furent donc le parti de la cour, et les Toris qui avaient voulu réprimer Jacques et non le détrôner, furent le parti opposé à la cour. La France appuyant les prétentions du prince que regrettaient les Toris, ils n'avaient pas pour cette couronne la même haine que les Whigs. Ceux-ci ne voyaient dans Louis XIV qu'un tyran, qui voulait opprimer leur liberté. Ils étaient par conséquent portés à s'unir à l'Empire et à la Hollande. Guillaume essaya de détruire les partis, mais il pensa trop tôt que cet ouvrage était impossible; il sut du moins se ménager entre eux et les balancer l'un par l'autre. Il leur conserva toute leur importance et n'eut pas cependant à les craindre. Nous les verrons dans la suite se livrer à leurs animosités et sacrifier quelquefois à leurs vengeances l'intérêt de la patrie. Nous les verrons précipités par des chefs qui en dirigeront tous les mouvemens, qui exciteront leur fureur

et

et qui ne tenant à aucun des partis qu'autant qu'il leur sera utile, s'en serviront pour effrayer ou pour flatter la cour, selon ce qu'ils auront à espérer ou à craindre.

Les plus grands intérêts furent pesés l'année 1701 dans le parlement d'Angleterre; le roi Guillaume, après avoir plusieurs fois armé l'Europe pour abaisser la France, avait conclu à Riswick une paix qui laissait à Louis XIV. toute sa grandeur. Charles II, roi d'Espagne, était prêt à mourir; les maisons de Bourbon et d'Autriche avaient des droits à sa succession qui devaient être décidés par une guerre nouvelle, et le succés de cette guerre pouvait être fatal à la liberté de l'Europe. La France avait vaincu tous ses ennemis; on craignait de nouvelles défaites : on ne savait pas ce que ses victoires mêmes, et la révocation de l'édit de Nantes, lui avaient enlevé de sujets et de richesses. Les dépenses de la guerre précédente avaient fait multiplier les impôts en Angleterre : ces impôts n'avaient pas été suffisans, et la nation avait emprunté plus de quinze millions de livres sterlings, qu'elle devait encore. La maison d'Autriche, dont les alliés défendaient les Etats, leur avait laissé porter tout le fardeau de la guerre. On ne devait pas espérer de plus grands efforts de la part de cette maison.

Quelques années avant le traité de Riswick, le roi Guillaume avait fait proposer à l'empereur Léopold d'envoyer douze mille Allemands en Espagne : ils devaient assurer au second archiduc, fils de Léopold, la succession de Charles dont la santé s'affaiblissait de jour en jour. Le conseil de Madrid avait demandé lui-même inutilement ce secours ; les Anglais avaient offert de le transporter, le conseil de Madrid de le payer, et Léopold l'avait refusé constamment. Il employait alors ses troupes à diminuer sa puissance, pour augmenter son autorité. Il faisait la guerre à des sujets dont il aurait été le maître paisible, s'il n'avait pas voulu en être le tyran. Trente mille Allemands opprimaient les Hongrois, à qui on avait ôté leurs privileges ; et nous avons vu, de nos jours, trente mille Hongrois défendre la princesse qui leur a rendu ces privileges.

Les alliés avaient souvent sollicité l'empereur de donner la paix à ses peuples ; mais les ministres de ce prince augmentaient sans cesse le nombre des mécontens, parce qu'ils obtenaient la confiscation de leurs biens. Guillaume voyait facilement qu'on comptait à Vienne sur lacrainte que l'Angleterre et la Hollande avaient conçue de la puissance de Louis XIV. Il voyait Léopold persuadé que pour empêcher les Espagnes, l'Italie, les Indes, et surtout les pays de la Barriere, de tomber sous la domination d'un Bourbon, la Hollande et l'Angleterre prodigueraient leurs secours, et s'épuiseraient encore. Le roi d'Angleterre ne devait pas attendre beaucoup de l'Espagne même qui se diviserait peut-être sur le choix d'un maître, et dont les forces languissaient depuis longtems sous un gouvernement faible. Dans cette situation critique, Guillaume las de la guerre, espéra qu'il préviendrait de nouveaux troubles en proposant un traité de partage.

Naples et la Sicile, les côtes de Toscane, Final et la province de Guipuscoa devaient être cédés à la France. On faisait l'archiduc Charles duc de Milan ; le prince électoral de Baviere devait régner sur les Espagnes, les Indes et les Pays-Bas. Ce partage fut accepté par Louis XIV ; mais le prince électoral mourut, et de nouvelles négociations commencerent.

Guillaume fit proposer un nouveau traité de partage ; ce traité fut encore accepté par Louis XIV, et signé au mois de mars 1700.

On faisait à la France les mêmes cessions; on y ajoutait la Lorraine dont le souverain aurait été duc de Milan, et l'archiduc Charles devait avoir l'Espagne, les Indes et les Pays-Bas.

Les Espagnols furent indignés qu'on voulût ainsi diviser leur monarchie; le roi pensa comme ses sujets : il fit au mois d'octobre de la même année, un testament par lequel il disposait de tous ses Etats en faveur de Philippe, duc d'Anjou, petit-fils de Louis XIV. Charles second mourut, et Philippe prit possession des Espagnes.

Les Whigs, qui depuis la révolution s'étaientt le plus signalés par leur haine contre la France, ne parlerent dans le parlement que de la nécessité d'abaisser la maison de Bourbon. Ils offrirent tous les subsides qu'on pourrait demander pour commencer la guerre. Les Toris qu'on accusait d'être attachés au roi Jacques, et amis de la France, crurent se justifier de ces reproches en enchérissant encore sur les propositions des Whigs. Leurs chefs n'étaient pas dans le ministere, et par conséquent saisissaient les occasions d'humilier les ministres. Ils citerent devant les chambres le lord Sommers, le lord Portland et le lord Hallifax comme coupables de haute trahison. C'étaient de vrais citoyens

et des hommes de beaucoup d'esprit et de
talent , protecteurs des lettres et de la vertu.
On reprochait à ces ministres de n'avoir pas
fait mention dans le traité de Riswick des droits
des maisons de Bourbon et d'Autriche à la succession d'Espagne , et d'avoir conclu la paix
sans regler les prétentions de ces deux maisons.
Les Toris les accusaient d'avoir vendu la liberté
de l'Europe et la gloire de l'Angleterre en
signant le traité de partage. La puissance de
la France , disaient-ils , avait allarmé tous ses
voisins, ils s'étaient inutilement ligués contr'elle;
après dix ans de guerre et de victoires elle
avait fait une paix glorieuse pour elle et humiliante pour ses ennemis ; que ne devait-on pas
craindre de cette monarchie , si on augmentait
ses forces d'une partie de l'Italie , d'une province
d'Espagne , et par de nouveaux ports sur la
Méditerranée et sur l'Océan ? Peut-être les
Toris raisonnaient bien , mais si le conseil
d'Angleterre n'avait pas toujours pris le meilleur
parti, s'il n'avait pas prévenu cet accroissement
à la puissance de la maison de Bourbon , il
avait été forcé par les circonstances. Il ne fallait
accuser des dangers de l'Europe que la mauvaise politique du conseil de Vienne. Il semble
aussi que des ministres qui n'ont fait qu'obéir

aux ordres du roi, soient justifiés par ces ordres mêmes. Mais on pense en Angleterre qu'un ministre à qui on donne des ordres dont l'exécution peut être funeste à l'Etat, doit quitter sa place et refuser d'obéir.

Saint-Jean, peu instruit alors des vrais intérêts de l'Angleterre et de l'Europe, comme il l'a depuis avoué lui-même, opina contre les lords ministres. Malgré son éloquence et la haine du parti, ils furent absous par les deux chambres. Il faut faire attention que les Toris se déclaraient alors contre les traités de partage, dans l'esprit desquels ils ont fait celui d'Utrecht, et qu'en 1700 les Whigs approuvèrent qu'on partageât la succession d'Espagne, quoique depuis ils en aient fait un crime aux ministres, qui par ce moyen ont terminé la guerre.

Le roi d'Angleterre vit avec impatience son parlement censurer sa conduite, et l'attaquer dans la personne de ses ministres; il dissimula quelque tems, renvoya ce parlement, et en convoqua un nouveau pour le 13 décembre de la même année. Ce fut le dernier du regne de ce prince, et le premier du regne de la reine Anne; Saint-Jean y représenta pour le bourg de Wotton.

Le roi d'Angleterre, qui d'abord avait reconnu Philippe V, avait depuis conclu avec la Hollande et quelques princes de l'Empire un traité par lequel les alliés s'obligeaient à faire obtenir à la maison d'Autriche une juste satisfaction ; il ne fut jamais question dans ce traité de s'obliger à mettre cette maison en possession de toute la succession d'Espagne.

Cependant les mesures que Louis XIV avait prises en Italie et dans les Pays - Bas, pour assurer à son petit-fils ces branches de la monarchie espagnole, avaient révolté les esprits à Londres, comme auraient pu les révolter les plus injustes usurpations. La surprise des troupes hollandaises, que les Français enleverent le même jour dans les places de la Barriere, fut regardée en Angleterre comme un attentat à la foi des traités, et comme l'entreprise d'un usurpateur qui ne dissimulait plus ses desseins. Louis XIV renvoya pourtant les troupes hollandaises à leurs souverains, et ce procédé ne calma personne.

Une imprudence de la cour de Versailles irrita plus justement les Anglais. Le roi Jacques mourut, et Louis XIV reconnut le fils de ce roi malheureux pour roi d'Angleterre. C'était manquer au traité de Riswick, et offenser une nation qu'on devait ménager. La fureur contre la France devint générale parmi les Anglais. Il ne fut plus question dans le parlement que des dangers dont la liberté de l'Europe était menacée ; on chercha le reméde, et on s'occupa du soin de le préparer.

Je passe rapidement sur des faits qui sont connus de tout le monde, pour répondre à des calomnies répétées dans toute l'Europe. On a imprimé dans ces feuilles si communes à Londres, et qui sont un des inconvéniens plutôt qu'un des avantages de la liberté, qu'en 1702, Saint-Jean s'était opposé au bill qui établissait la succession au trône d'Angleterre dans la branche protestante. Ce fut en 1701, après la mort du duc de Glocester, et non en 1702, qu'on régla l'ordre de la succession, et comme tout le monde voulait donner la couronne à la princesse de Danemarck, et après elle à la maison d'Hanovre, le bill aurait passé quant à la succession, mais il contenait quelques articles sur lesquels on disputa longtems.

Un de ces articles regardait le serment qu'est obligé de prêter tout membre du parlement, tout citoyen qui veut avoir part aux emplois. Par ce serment on proteste d'être fidelle à l'Eglise telle qu'elle est établie par la loi. A la révolution, beaucoup d'Anglais, ou catholiques ou presbytériens, avaient refusé de prêter ce serment, et avaient été privés de leurs emplois. On voulait, par le bill nouveau, que quiconque prêterait ce serment, pût rentrer dans les charges qu'il avait autrefois perdues, quand même elles seraient occupées. Saint-Jean s'opposa à cette loi, qui pouvait troubler la société. Par un autre article du bill, on déclarait convaincu de haute trahison quiconque ouvrirait l'avis d'exclure la princesse de Danemarck. Saint Jean fit ce qu'il put pour empêcher d'admettre cette loi, parce qu'elle était nouvelle, parce qu'elle était inutile, et parce qu'elle gênait la liberté des opinions. Il ne fut point alors accusé de jacobitisme, et par la manière dont la reine le traita d'abord, il parut que cette princesse ne l'en soupçonnait pas.

A la mort de la reine Marie, les Anglais avaient donné à Guillaume III une couronne à laquelle il n'avait pas de droit. Elle appartenait à la princesse de Danemarck, qui fut peu sensible à cette injustice ; pendant la vie de sa sœur elle avait vu, sans en murmurer, la nation associer sur le trône le prince d'Orange

à la reine Marie , et désigner ce nouveau roi
pour successeur de son épouse. La princesse
avait seulement voulu se faire donner par la
nation une pension qui la mît en état de vivre
selon son rang , et dans l'indépendance de sa
sœur. Les Toris la servirent bien dans cette
occasion , elle s'en souvint toujours. Le comte
et la comtesse de Marlboroug avaient inspiré
le projet et les moyens de le faire réussir. Ce
service rendu à la princesse de Danemarck ,
indisposa contre eux Guillaume III et la reine
Marie. Ils voulurent obliger leur sœur à éloigner d'elle la comtesse de Marlborough qu'elle
aimait depuis l'enfance. La princesse sut déso-
béir avec courage , sans sortir de sa douceur
ordinaire. On alla jusqu'à la menacer de lui
faire ôter sa pension , et quelque tems elle se
vit abandonnée de toute l'Angleterre. La comtesse de Marlborough , affligée des persécutions que son attachement attirait à sa maîtresse , voulut se retirer de la cour ; la princesse lui écrivit :

» Pensez-vous assez mal de moi , pour imagi-
» ner que je vous préfere des richesses et la con-
» sidération que me donnerait la bienveillance
» de ma sœur ? Ces biens ne serviraient qu'à me
» faire environner plus assidument d'une troupe

» de lâches flatteurs. Pourrions-nous, le prince
» et moi, abandonner nos amis dans des disgraces
» dont nous sommes les causes ? Je mériterais
» le mépris de ceux qui me persécutent ; et
» comptez-vous pour rien le mépris que j'au-
» rais pour moi-même ? Non, je ne me sens
» pas capable de sacrifier mon honneur et tout
» ce qui fait le bonheur de ma vie à une vaine
» représentation qui ne rend point heureux
» ceux qu'elle flatte le plus, et qui ne peut
» remplir une ame vertueuse. Non, ma chere
» mistriss Fréeman, votre fidelle mistriss Morlei
» ne se soumettra pas à des ordres injustes ;
» je laisserai passer des tems si fâcheux, et
» j'attendrai des jours tranquilles. Si je ne vis
» pas assez pour en jouir et pour rendre l'An-
» gleterre plus heureuse qu'elle n'est aujour-
» d'hui, j'espere que d'autres feront son bon-
» heur et le vôtre ; mais si vous prenez encore
» quelqu'intérêt au mien, ne me proposez
» jamais de me séparer de vous. »

La princesse de Danemarck avait l'ame la
plus sensible et la plus tendre ; elle craignait
que l'élévation de son rang ne la séparât trop
des gens qu'elle aimait ; elle avait pris le nom
de mistriss Morlei, et avait donné à milady
Marlborough le nom de mistriss Fréeman. Elle

croyait ainsi faire oublier à ses amis que leur état était au-dessous du sien.

Négligée pendant la vie de Guillaume qui l'estimait peu et ne l'aimait pas , elle distingua davantage ceux qui parurent s'attacher à elle. Saint-Jean fut du nombre, et c'est à sa cour qu'il devint l'ami de milord Marlborough. De tous les hommes qui n'avaient pas abandonné la princesse , le comte de Marlborough fut le seul qui enfin obtint des graces. Le roi d'Angleterre, qui avait de l'éloignement pour lui , venait de le désigner général des troupes qu'on devait envoyer dans les Pays - Bas. Dans le même tems , ce comte fut nommé ministre plénipotentiaire en Hollande. La république était consternée de voir les troupes de France occuper les places de la Barriere. Le comte de Marlborough rassura les Hollandais , et dès ce moment prit dans leur conseil un ascendant qu'il ne perdit plus.

A la mort de Guillaume , la reine Anne qui aimait les Toris par reconnaissance , et parce qu'elle les croyait plus zélés pour l'Eglise d'Angleterre , choisit parmi eux la plupart de ses ministres. Le comte de Marlboroug , qu'on regardait comme le chef des Whigs , ne s'y opposa pas ; il avait alors le dessein de réunir les partis, et si ce dessein avait été son objet principal, il aurait pu le faire réussir.

La comtesse de Marlborough n'approuva pas la conduite de la reine ; elle portait beaucoup plus loin que son mari l'esprit de parti et surtout l'esprit d'empire. Cependant l'élévation de milord Godolphin qu'elle aimait, la calma pour quelque tems. Ce seigneur était whig, et la comtesse le fit faire grand trésorier.

La reine, après avoir diſſous le parlement, en fit assembler un nouveau, qui ouvrit ses séances au mois d'avril 1702. La cour prit peu de part aux élections, et cependant les Toris ayant eu la pluralité, ce parti se trouva le plus puissant dans la chambre basse. Saint-Jean y représenta encore pour le bourg de Wotton. Il y fut proposé d'augmenter les forces de terre et de mer. Milord Marlborough y exposa les alarmes de la Hollande, et tout ce qu'il demanda fut accordé.

La reine fit, cette année, un voyage à Bath ; Saint-Jean fut nommé pour la suivre ; elle prit sa route par Oxford. L'université de cette ville conféra le degré de docteur en droit au duc de Sommerset, au comte de Sandwich, au lord Delaware et à Saint-Jean. Ce titre n'est

point un ridicule pour des seigneurs anglais ;
parce que la science des lois tenant à celle du
gouvernement, ils ont soin de s'en instruire.

Saint-Jean s'était lié beaucoup avec Robert
Harley, depuis comte d'Oxford, un des hommes
de son tems qui avait le plus de finesse et d'agrément dans l'esprit. Il avait dans le caractere de
l'inquiétude et de la faiblesse ; il connaissait
les hommes, et il était plus propre à les séduire
qu'à les gouverner. Ses mœurs étaient pures ; ses
intrigues le rendaient dangereux ; il craignait
de nuire, et trompait sans scrupule. Harley
avait plu beaucoup à madame Masham, qui,
sans esprit, avait de l'insinuation. La reine était
dévote, et madame Masham, qui l'était aussi,
avait de plus de la complaisance et de l'égalité,
elle consolait la reine des caprices et de l'humeur
de milady Marlborough. Madame Masham affai-
blit insensiblement le crédit de l'ancienne favorite ; elle se fit écouter, elle accoutuma à ses
conseils, et porta fort loin un empire qu'elle
ne fit jamais sentir. Elle travaillait à mettre bien
Saint-Jean dans l'esprit de la reine ; et Harley,
puissant à la cour par son amie, se servait de
lui pour gouverner les Toris. On accusa depuis
l'un et l'autre avec raison d'avoir entretenu dans
ce tems des intelligences dans le parti opposé. Ce

n'était pas alors un crime ; les partis n'étaient
point aigris l'un contre l'autre, et ils s'occu‑
paient essentiellement de l'intérêt de la patrie.
Les Anglais commençaient à jouir de leur
liberté sans inquiétude ; leurs succès dans le
dessein d'établir solidement la forme du gou‑
vernement et l'ordre de la succession à la cou‑
ronne, avaient élevé leur courage : et l'espé‑
rance d'abaisser la maison de Bourbon et de
maintenir l'équilibre de l'Europe, flattait en‑
core tous les citoyens.

Les assemblées du parlement recommence‑
rent le 15 de décembre 1703. La reine fit part aux
deux chambres du traité d'alliance et de commerce
qu'elle venait de conclure avec le roi de Portugal.
Ce prince, par ce traité, permettait dans ses Etats
l'entrée aux étoffes d'Angleterre. Depuis ce
tems elles se vendent au Brésil. Cette riche
colonie des Portugais augmente par ses con‑
sommations le débit des manufactures anglaises,
et il entre chaque année en Angleterre plus
d'un million sterling de l'or du Brésil.

La reine en même tems donna ordre au che‑
valier Hedges, secrétaire d'Etat, d'informer les
communes, qu'elle venait d'élever à la dignité
de duc le comte de Marlborough, et qu'elle
assurait, sur le revenu des postes, à lui et à

sa postérité une pension de 5000 liv. sterling.
Ce général, dans sa premiere campagne, avait
éloigné les armes de France des frontieres de
la Hollande ; il avait délivré Liege, pris Vanloo,
Ruremonde, et soumis une partie du Brabant
et toute la Gueldre espagnole. Dans sa seconde
campagne, il s'était rendu maître du Bas Rhin
par la prise de Bonn et de Kaiservert. La chambre des communes félicita la reine d'avoir
confié ses armées à un général si digne de les
commander. L'orateur dit que milord Marlborough méritait les graces de la reine, parce
qu'on n'en obtenait d'elle qu'en servant la patrie ; mais il représenta que, par les lois de
l'Etat, les revenus de la couronne ne pouvaient
être aliénés, et le parlement refusa de ratifier
la pension sur les postes. Il proposa d'autres
moyens de récompenser les services de milord
Marlborough, et remplit ainsi ce qu'il devait à
la reconnaissance, à la reine et aux lois.

On voulut, dans le même parlement, faire
passer un bill contre les conformistes par occasion. On nommait ainsi les sectaires qui, sans
abandonner leurs dogmes, rendaient une fois
sans scrupule à l'Eglise anglicane un hommage
extérieur dont on avait la sagesse de se conten-
ter. Par une loi de l'Etat publiée en 1673, sous

le

le regne de Charles second, tout homme qui possede des charges, ou veut être membre du parlement, doit abjurer la transsubstantiation, et communier dans sa paroisse. On n'exigeait qu'une seule fois cette soumission à l'Eglise dominante, et il semble que l'Etat, indifférent sur la croyance des sectaires, eût voulu seulement s'assurer par cet hommage qu'il ne troublerait point l'ordre général. Cette loi avait été établie dans un tems où Charles second était soupçonné de protéger les catholiques. On voulait par-là leur interdire l'entrée aux emplois; mais quand le parti des Toris fut supérieur à celui des Whigs, il voulut rendre la loi plus sévere, afin d'exclure encore des charges et des élections tous les sectaires, dont le grand nombre était dans le parti des Whigs.

Par le nouveau bill, quiconque avait part au gouvernement, devait communier tous les ans; et on le déclarait déchu de son emploi, s'il était convaincu d'être attaché à aucune secte. On le condamnait de plus à une amende, et cette peine pécuniaire fut le salut des Whigs, parce que la chambre des pairs et celle des communes prétendirent chacune avoir le droit de déterminer l'amende.

On nomma des commissaires pour examiner

la justice de cette prétention. Le duc de Devonshire, le comte de Petterborough, milord Hallifax, milord Sommers furent les commissaires de la chambre-haute, avec Burnet, évêque de Salisburi : c'est l'écrivain romanesque, mais élégant, d'une prétendue histoire de son tems. Il était Whig, il était évêque; il a tout vu à travers les préventions de son état et de son parti. Brombey, Saint-Jean, Finch, Harcourt, Powis furent les commissaires de la chambre-basse. Les droits des deux chambres furent long-tems discutés; ils ne furent point décidés, et bientôt il ne fut plus question du bill.

Il faut remarquer que les évêques furent d'avis qu'il ne fallait pas ajouter à la sévérité de l'ancienne loi. C'est la seule fois peut-être que des prêtres assemblés aient favorisé la tolérance. Cet exemple ne sera gueres imité. Dans cette occasion Saint-Jean pensa comme le clergé, et ne servit pas la passion des Toris.

Lorsqu'un parti devient supérieur, il arrive trop souvent qu'il défere au parlement, comme coupables de haute trahison, les ministres que le parti contraire avait élevés. On présenta dans ce parlement plusieurs adresses contre les ministres du feu roi. On attribuait à une mauvaise administration des finances les dettes dont l'Angleterre était chargée; mais Saint-Jean convaincu que ces dettes étaient les suites inévitables d'une longue guerre, défendit les anciens ministres avec courage contre son parti qui les poursuivait avec chaleur. Cette opposition nouvelle aliéna un peu les Toris, et ils eurent en lui moins de confiance. Le comte de Rochester, un des plus considérables d'entr'eux, oncle de la reine et vice-roi d'Irlande, s'unit au comte de Nottingham, jaloux comme lui du crédit de Marlborough.

Au commencement de 1704, ils formerent dans le parlement une cabale contre la cour. La reine en craignit les suites, et sa crainte l'indisposa contre les Toris. Le comte de Rochester eut ordre de se rendre à son gouvernement, dont il n'aurait pas dû s'éloigner pendant la guerre. Il remit cette place importante, et la reine confia l'Irlande au lord Warthon. C'était un homme singulier, à qui la crainte continuelle du jugement des hommes, et un desir puérile d'obtenir des applaudissemens, ont rendu inutile un esprit pénétrant et éclairé, et l'éloquence la plus séduisante. On le vit tour-à-tour citoyen, courtisan, dévot, impie, philosophe austere, épicurien voluptueux, homme d'Etat: bel-esprit, il se trouva toujours les talens et les vices qu'il voulut avoir pour briller au milieu de ceux qui l'environnaient ; il n'eut jamais assez de suite pour se conserver des amis. Son éloquence cessa de persuader et sa raison de convaincre. Infidele à tous les partis et méprisé de tous, il quitta enfin l'Angleterre, et passa en Espagne où il fut catholique et Jacobite par vanité. Il a traîné une vie coupable pour se rendre illustre, et long-tems avant sa vieillesse il n'était qu'un homme sans conséquence.

Le comte de Nottingham, secrétaire d'Etat, refusa aussi de remplir sa place plus long-tems, si la reine n'éloignait pas de sa personne et de ses conseils les ducs de Sommers et de Dévonshire. La reine n'eut pas la faiblesse de sacrifier ces seigneurs à la jalousie de Nottingham, et il se retira. Sa place fut donnée à Harlei.

Blathwait, secrétaire de la marine et de la guerre, qui uni à ces deux seigneurs, serait devenu suspect, prévint une retraite forcée. Sa place fut donnée à Saint-Jean. Le duc de Marlborourg le servit de son crédit, et dut s'en applaudir : s'il trouva depuis dans l'ami qu'il avait protégé, un adversaire dangereux, il n'eut pas à s'en plaindre. Saint-Jean lui devait moins qu'à l'Etat. Il fut toujours l'admirateur du duc de Marlborough, long-tems son ami, et jamais sa créature.

La nouvelle place de Saint-Jean lui donnait plus de relation avec le général des Anglais, qui se loua plus de son habileté que de son exactitude. Le nouveau secrétaire de la guerre donnait trop à ses plaisirs, et son extrême facilité dans le travail, ne réparait pas toujours la perte du tems.

Le crédit du duc de Marlborough n'était alors balancé par celui d'aucun ministre ni d'aucun parti. La duchesse régnait encore despotiquement dans le cœur de la reine; et le duc avait dans le parlement et dans les conseils des alliés un empire qu'il soutenait par des victoires. Sa belle marche de la Flandres au Danube, et sa jonction avec le prince Eugene et le prince de Bade, l'auraient couvert de gloire, quand deux batailles heureuses n'en auraient pas été les suites. Il défit à Donavert une armée qui lui disputait l'entrée de la Baviere. Auprès de la petite ville d'Hochstet, les armées de Baviere et de France s'étant déterminées à combattre, elles placerent leur droite et leur centre trop loin d'un ruisseau qui les séparait des alliés : leur meilleure cavalerie était au centre, l'infanterie de leur droite, enfermée dans le village de Bleinheim, n'était point libre dans ses mouvemens. Milord ayant fait attaquer le centre par plusieurs lignes redoublées de cavalerie et d'infanterie, le renversa sans peine : alors sa cavalerie poursuivit celle des Français, et son infanterie se repliant sur le village de Bleinheim, enveloppa l'infanterie française qui se rendit sans résistance.

Cette grande victoire affermit la couronne impériale, força l'électeur de Baviere à chercher un asyle loin de ses Etats, assura la liberté de l'Europe, inspira plus de modération à la France et la fit perdre à l'Angleterre. Les Whigs triompherent, et les Toris s'affligerent peut-être. On sait quels honneurs le parlement fit décerner à Marlborough ; mais il faut dire qu'après avoir cessé d'être son ami, Saint-Jean composa, dans la suite, une inscription pour placer sur un obélisque dans le jardin de Bleinheim. Cette inscription est un récit fort simple des actions de milord Marlborough et le plus grand éloge qu'on puisse lui donner.

L'année qui suivit cette campagne si glorieuse, milord Marlborough, contrarié tantôt par le prince de Bade, et tantôt par les députés des Etats de Hollande, n'eut que de médiocres succès. Les Toris lui attribuerent les fautes des alliés. Ces Toris gémissaient alors de leur situation qui pouvait encore devenir plus humiliante. Ils perdirent par degrés leur supériorité dans le parlement ; et depuis la disgrace des comtes de Rochester et de Nottingham , ils n'avaient plus auprès de la reine que Harlei et Saint-Jean qui n'avaient ni l'un ni l'autre ce qu'on appelle le zele du parti. Les Toris ne les regardaient plus comme membres de leur corps, parce qu'ils n'en suivaient pas tous les mouvemens. Le peuple n'était pas pour eux. Les victoires du duc de Marlborouhg avaient amené au parti des Whigs la plus grande partie de la nation.

Le duc de Buckingham , les comtes de Rochester , de Nottingham et d'Anglesei , milord Haversham étaient devenus les chefs des Toris, et tenterent de relever ce parti par des moyens extraordinaires. On avait toujours accusé les Toris d'être fort zélés pour la maison de Stuart. Ce reproche tomba quand ils furent les maîtres. Mais les Whigs , redevenus en faveur, les en accablerent. Pour se délivrer de ce reproche et reprendre leur crédit dans le peuple , ils imaginerent d'affecter un zele inquiet pour la maison d'Hanovre. Milord Haversham osait dire dans le parlement que le fils du roi Jacques avait pour lui l'Ecosse et une partie de l'Angleterre et de l'Irlande ; qu'il fallait prendre des mesures pour s'opposer à ses progrès ; que si la reine venait à mourir, peut-être il ne serait plus tems d'empêcher ce prince de lui succéder, et que le moyen le plus sûr de prévenir ce malheur, était de faire venir en Angleterre la princesse Sophie d'Hanovre, héritiere présomptive.

Le duc de Buckingham et le comte de Rochester faisaient répandre dans le peuple que la reine était incapable de gouverner par elle-même, qu'elle était soumise à tout ce qui l'environnait, que ses ministres s'étaient emparés de son esprit et de l'Etat, qu'il y avait lieu de leur soupçonner des vues dangereuses, qu'il fallait les empêcher d'abuser de leur crédit, et les mettre dans l'impossibilité de troubler l'ordre de la succession.

Ils avaient le projet de former une régence à la tête de laquelle on aurait placé la princesse Sophie. Ce projet offensant pour la reine, se répétait dans la plupart des maisons publiques de Londres. Ces seigneurs espéraient que la princesse leur ayant l'obligation de partager le trône qu'elle devait occuper un jour, leur ferait part de son autorité ; ils espéraient qu'ils seraient les premiers à composer le conseil de régence, et ce conseil aurait eu en effet tout le pouvoir.

La reine en conservant sa douceur et sa modération, sentit l'indécence de ces procédés qui
inquiéterent ses ministres et les plus fideles de
ses sujets. Saint-Jean trouva le moyen de dissiper ces tempêtes passageres. Il conseilla d'ouvrir la séance dans le parlement par proposer
l'établissement d'un conseil de régence, qui
n'entrerait en fonction et n'aurait d'autorité qu'à
la mort de la reine. On ne devait point y faire
mention de la princesse Sophie.

Milord Godolphin sentit l'effet que ce projet
devait produire étant proposé par la cour. On
ôtait par ce moyen aux Toris le mérite que
leur donnait dans le peuple leur zele pour la
maison d'Hanovre; on justifiait la cour et les
ministres des desseins que leur imputaient les
Toris; on rendait inutile le voyage de la princesse Sophie dont la présence aurait été une
source de divisions. Cette princesse avait beaucoup d'esprit et conservait dans sa vieillesse de
l'ambition et de l'activité; elle aurait à son
arrivée ou troublé ou gouverné l'Angleterre.
Il fut arrêté dans le parlement que les seigneurs
qui, à la mort de la reine, rempliraient les premieres places dans le ministere, seraient les
régens du royaume jusqu'à l'arrivée de l'héritier
de la couronne désigné par la nation.

Le conseil de Saint-Jean fut un service essentiel rendu à la reine et à l'Etat dont il appaisa les factions. Le reste des séances de ce parlement, se passa sans orages ; les chambres ne furent plus divisées entr'elles ni avec la cour. Londres, la nation, les alliés applaudirent à cette harmonie, et on en vit bientôt les effets.

L'année 1706 peut être regardée comme l'époque de la plus grande gloire de l'Angleterre et le moment le plus brillant du regne de la reine Anne. On pouvait dire alors des Anglais ce que Tite-Live a dit des Romains : *Il y a sur la terre une nation qui ne ménage point ses richesses, prodigue son sang, soutient les travaux de la guerre pour défendre la liberté des nations* . . . . *; elle traverse les mers pour s'opposer à l'ambition injuste et pour faire régner sur la terre les droits des peuples et les lois.*

La nation Anglaise dont les armateurs français inquiétaient le commerce, dont les manufactures sans le traité conclu avec le Portugal auraient eu peu de débit, et dont les finances commençaient à se déranger, n'avait jamais été si utile à ses alliés, si supérieure à ses ennemis, moins agitée au-dedans et plus illustre par de grands hommes dont plusieurs doivent

être placés à la tête du genre humain. C'est
à leur nombre, à leur concours que l'Angleterre dut tant d'éclat et de puissance, plus
qu'aux talens de la reine Anne.

Cette reine eut le bonheur et non le mérite
de faire usage de tant de talens supérieurs qui
ont été l'honneur de son regne. Elle avait
conservé sur le trône le caractere de la princesse de Danemarck; elle était fatiguée de la
représentation; ennemie du travail, peu jalouse
de ses droits, voulait le bien, et exigeait de
ses amis qu'ils lui indiquassent les occasions et
les moyens d'en faire. Elle aimait sa patrie
comme les particuliers aiment leur famille;
et ne s'attribuait rien de ce qui se faisait de
grand et d'heureux.

Elle avait remis toute la conduite de la guerre
au duc de Malborough qui était devenu l'ame
de la grande alliance. Particulier, et même
d'une naissance commune, son mérite lui donna
plus de pouvoir qu'une naissance illustre, une
autorité absolue, et la couronne d'Angleterre
n'en avaient donné à Guillaume. Non-seulement
il tint les alliés plus unis, mais il sut imprimer
des mouvemens plus justes et plus rapides à
la vaste machine qu'il avait à diriger. Il conservait dans tout, son sang-froid, et paraissait

plutôt éclairé par une raison supérieure qu'inspiré par le génie. Dans les négociations, dans la société, à la cour, à l'armée il devinait les hommes et les soumettait à ses lumieres. Il avait dans son éloquence et dans ses manieres de la dignité, de la grandeur et de la simplicité; on ne pouvait le voir et l'entendre sans le respecter. Son esprit n'était pas cultivé; il n'avait jamais lu, *et à peine savait-il lire.* Il n'avait point d'intrigues et n'employait jamais que peu de moyens; mais ses moyens étaient les meilleurs et les seuls nécessaires. Il aimait sa patrie, ses amis et ses soldats. Il ménageait leur sang et traitait les vaincus avec bonté. C'est à lui que l'Europe doit de faire aujourd'hui la guerre avec humanité. Quelques historiens ont dit un peu légerement, qu'il n'entendait pas la guerre défensive. Il l'entendait et la faisait comme les grands hommes l'ont toujours faite en lui faisant changer de nature. Dans plusieurs de ses campagnes, il s'est trouvé fort inférieur à ses ennemis; par le choix de ses postes, par ses belles marches, par ses savantes manœuvres, il s'est mis en état d'attaquer avec avantage. Le prince Eugene a dit de lui: *Tout m'a réussi quand j'ai suivi ses conseils, je ne les ai jamais négligés sans m'en repentir.*

Milord Malborough, maître, à proprement parler, des finances de l'Angleterre, disposant des trésors des provinces qu'il avait conquises, acquit des richesses immenses et telles qu'aucun particulier n'en a possédé depuis Crassus. Il est bien singulier que l'envie de s'enrichir ait été la passion dominante d'un grand homme. On a prétendu que l'exemple de Cromwel l'avait tenté, je ne le crois pas : peut-être ne lui aurait-il pas été difficile de s'emparer du gouvernement, sous le titre de régent ou de protecteur : il aurait alors plus aisément accablé la maison de Bourbon et changé l'Europe. Mais pour le bonheur du monde, il fut avare. Il ne parut jamais ni si grand, ni si puissant dans le parlement, à la cour et à l'armée qu'en l'année 1706 ; la nation et les alliés firent ce qu'il voulut et ne firent que de grandes choses.

Une flotte anglaise, promptement équipée par les soins de Saint-Jean, transporta en Espagne de nouveaux secours. Sur une lettre du duc de Marlborough, on envoya vingt-deux millions en Flandres et cinq millions au prince Eugene qui en avait besoin pour avoir une armée.

L'amiral Lake, ou plutôt la nouvelle qu'il devait arriver bientôt, fit lever aux Français le siége de Barcelone. Ils abandonnerent leurs munitions et leurs blessés, quoiqu'il n'y eût contr'eux en campagne que cinq cents Anglais et quelques paysans commandés par le comte de Peterborough. Milord Gallowai à la tête des Portugais et d'une armée anglaise chassa le roi d'Espagne de Madrid. Le comte de Peterborough avec moins de mille Anglais, soumit à l'archiduc le royaume de Valence; celui d'Arragon se soulevait en même-tems en faveur de ce prince.

Le prince Eugene, avec l'argent que lui avait fait prêter le duc de Marlborough, assembla une armée dans le Tyrol, entra en Italie malgré les Français, traversa les rivieres de la Lombardie dont le passage lui fut disputé par des forces supérieures aux siennes. Il joignit le duc de Savoie, et avec trente mille hommes battit une armée de quatre vingts mille hommes dispersés autour de Turin dans d'immenses retranchemens qu'ils ne pouvaient défendre. Cette armée, plutôt dépostée que vaincue, ne put se retirer sous Cazal où il n'y avait ni magasins, ni artillerie; et en se retirant sous Pignerol, elle abandonna l'Italie à la maison d'Autriche.

En Flandres, milord Marlborough accabla du poids de son armée, réunie en colonnes, la droite du maréchal de Villeroi qui s'était placé de maniere que sa gauche lui fut inutile. La victoire des alliés à Ramillies fut complette. La conquête des Pays-Bas Espagnols fut le fruit de cette victoire.

La reine eut dans l'intérieur de ses Etats un succès qui la flattait plus que tant de triomphes. Elle termina le grand ouvrage de l'union de l'Angleterre et de l'Ecosse. Le dernier de ces royaumes avait eu jusqu'alors son parlement indépendant de celui de l'Angleterre, des intérêts séparés, des lois, une monnaie et presqu'une religion différentes ; et si les deux royaumes obéissaient alors au même souverain, ils pouvaient ne pas s'accorder sur le choix de son successeur.

L'Ecosse, par le traité d'union, perdit son parlement et son nom, et devint une faible partie du royaume de la Grande-Bretagne. Elle fût bornée à n'avoir que seize pairs dans la Chambre-haute et quarante cinq députés dans la chambre des Communes, c'est-à-dire, qu'elle n'eut pas la dixieme partie du pouvoir législatif. Il est vrai qu'elle ne devait gueres porter que la quarantieme partie des charges publiques. Peut-être aurait-il été plus utile que l'Ecosse eût conservé son parlement et

qu'on eût établi seulement comme loi fonda-
mentale des deux nations, qu'elles obéiraient au
roi reconnu légitime par le parlement d'Angleterre. On pouvait les soumettre toutes deux
à la même sorte d'imposition, abolir les droits
d'entrée et de sortie d'un royaume à l'autre,
laisser aux Ecossais la liberté de commercer dans
les colonies anglaises, leur donner le droit de
citoyen en Angleterre, comme aux Anglais le
droit de citoyen en Ecosse. On ne pouvait
trop confondre les intérêts des deux nations,
mais on ne devait pas faire soupçonner à l'Ecosse
qu'elle devenait sujette de l'Angleterre. Elle a
gémi long-tems d'avoir perdu son parlement
et son nom. La reine crut avoir augmenté
beaucoup sa puissance. Il est plus certain qu'elle
augmenta celle des Whigs, parce que les
Ecossais étant presque tous presbytériens, leurs
députés ne devaient pas être du parti des Toris.

Cependant Louis XIV n'espérait plus conserver à son petit-fils l'héritage entier de Charles second ; s'il avait promis aux Espagnols
d'empêcher qu'on ne démembrât leur monarchie, ses malheurs le dégageaient assez de ses
promesses. Il fit passer à la reine quelques propositions de paix par l'électeur de Baviere. Il
prenait pour base du traité qu'il offrait de conclure

clure le traité de la grande alliance, et consentait à partager la monarchie d'Espagne.

C'était le moment de faire la paix. Les alliés avaient une supériorité décidée partout; ils étaient unis, il n'y avait point encore entr'eux de jalousie; ils pouvaient dicter les conditions qu'ils obtinrent sept ans après; l'Angleterre pouvait alors être l'arbitre de l'Europe, se reconcilier les peuples qu'elle avait vaincus, faire rendre justice aux peuples qu'elle avait vengés, et obtenir pour elle des avantages qui auraient étendu son commerce, augmenté ses colonies, ranimé ses manufactures, et réparer le désordre de ses finances. Elle aurait mis le comble à sa gloire; et une nation qui est si sensible à sa supériorité sur les autres nations, après avoir vaincu un peuple en possession de vaincre depuis 40 ans, aurait encore joui du plaisir flatteur de partager avec ce même peuple la gloire de faire fleurir les lettres et les arts. L'Angleterre avait même alors l'avantage sur la France; celle-ci ne possédait plus une foule d'hommes illustres qui avaient éclairé l'Europe, et répandu le bon goût.

L'Angleterre avait alors Newton.

Locke venait de mourir, après avoir démontré l'origine de nos connaissances et presque leurs bornes.

Milord Shafsbury, qui n'avait point hérité de l'ambition de ses peres, établissait la morale sur des principes solides, et la rendait éloquente.

C'est encore sous ce regne qu'il parut en Angleterre un sage qui mérite à jamais la reconnaissance du genre humain ; je veux parler d'Adiſſon, qui eut le plus de part aux feuilles du *Spectateur*. Jamais homme n'écrivit avec plus d'insinuation pour faire aimer la vertu. On ne voit dans ses ouvrages qu'un homme passionné pour ses semblables, qui veut les ramener de leurs égaremens. Il n'a de l'esprit que pour vous plaire, parce qu'il veut gagner votre confiance ; il est quelquefois éloquent, parce qu'il est pénétré des vérités qu'il veut vous faire aimer.

La Bruyere a peint son siecle avec plus d'énergie, mais il était moins propre à le corriger.

Il est difficile de lire beaucoup *le Spectateur* sans en devenir plus homme de bien ; il vous reconcilie avec la nature humaine dont la Bruyere vous fait peur. Le Caton et d'autres poësies mettent Adiſſon au rang des poëtes illustres.

Adisson, Pope et Prior sont les poëtes anglais qui les premiers n'aient point transporté dans un genre les beautés d'un autre genre ; ils se sont passés de concetti et de métaphores outrées, ils se sont renfermés dans les bornes de leurs sujets, ils ont su soutenir leur ton, ils ont su mieux que leurs prédécesseurs mettre les pensées à leurs places.

La comédie anglaise entre les mains de Congréve et de Vanbrug, devint une imitation plus fidelle de la nature ; les caracteres furent plus vrais, et les situations plus vraisemblables ; mais le style s'éloignait trop encore du style de la conversation. On y remarque une affectation puérile de répandre des bons mots, qui souvent dégénerent en équivoques et en jeux de mots. Cette misérable sorte d'esprit, qui est bien moins l'effet de l'imagination que de la recherche et du mauvais goût, infecte les meilleures comédies anglaises ; elles sont d'ailleurs un tableau révoltant d'une nature trop corrompue. Le ridicule tombe souvent sur l'honnête homme de la piece, et cet honnête homme l'est rarement assez.

Milord Shafsbury, Saint-Jean, Adisson et Swift ont su les premiers mettre dans la prose du nombre et de l'élégance. Les écrivains fameux qui les avaient précédés savaient penser, mais ne connaissaient pas encore les véritables beautés du style.

Tous les hommes illustres qui ont vécu sous le regne d'Anne ont été récompensés et honorés. Ils apportaient une nouvelle lumiere à une nation déjà éclairée, et où tout le monde cependant ne prétendait pas à l'esprit. Presque tous ont eu part au gouvernement, ils en ont fait connaître les abus par leurs écrits, avant que leur élévation les mît en état d'y porter du remede. Presque tous, et la partie la plus sage et la plus désintéressée, desiraient, en 1706, qu'on terminât une guerre onéreuse. Saint-Jean surtout et Harley penserent qu'on devait écouter les propositions de la France. Leurs motifs étaient différens. Harley, lié avec madame Masham qui devenait chaque jour plus chere à la reine, espérait détruire le crédit du duc et de la duchesse de Marlborough. Il sentait que la guerre leur donnait un avantage qu'il ne pouvait balancer ; il entretenait des liaisons avec les Whigs, il intriguait chez les Toris, il négociait même avec l'étranger. Tant d'artifices ne s'étaient pas fait appercevoir au duc de Marlborough, qui, trop grand pour être fin, trop puissant pour craindre d'être trompé, ordonnait sans opposition à l'Europe et à sa patrie.

Saint-Jean était aimé de milord Marlborough. On admirait dans le parlement son éloquence et son habileté dans les affaires. Tous les hommes de sa nation qui avaient le plus d'esprit et de lumieres, aimaient sa personne, et respectaient ses talens. La considération qu'il avait obtenue ne dépendait pas des circonstances ; il ne pouvait souhaiter la paix que pour le bien public.

Je tirerai de ses lettres sur l'histoire les raisons qu'il donnait alors pour engager la nation à finir la guerre.

Par les traités de la grande alliance on s'était engagé à faire donner une juste satisfaction à la maison d'Autriche.

On avait voulu assurer la liberté du commerce de l'Angleterre et de la Hollande.

On avait voulu prévenir l'union des couronnes de France et d'Espagne sur la même tête.

Louis XIV offrait de satisfaire les alliés sur tous ces points. Il n'y avait rien à craindre de la maison de Bourbon dans l'état où la France et l'Espagne étaient réduites. Il est difficile de voir bien le changement qui arrive dans la puissance d'un peuple, et on peut attaquer long-tems comme trop puissant celui qu'on devrait défendre comme trop affaibli. Il pouvait devenir dangereux pour l'Europe d'aggrandir la maison d'Autriche ; et quand la puissance de cette maison n'aurait pas été formidable, ce n'était pas à l'Angleterre et à la Hollande à se ruiner pour l'augmenter. Quand même les prétentions de la maison d'Autriche auraient été justes, ce n'était pas à des alliés à s'épuiser pour lui faire rendre justice. Un prince doit moins à ses alliés qu'à ses sujets. Les Anglais ne devaient point prendre pour guide leur haine contre la France : la haine ou l'amitié des nations peuvent exciter leur émulation, et leurs intérêts seuls doivent les conduire.

Ces raisons si solides répandues dans des discours éloquens, firent revenir quelques Anglais de la fureur de la guerre, et n'eurent que peu d'effet sur le plus grand nombre. Milords Marlborough et Godolphin pensaient alors qu'il ne fallait faire la paix qu'après avoir accablé la France ; et les Anglais, éblouis par les succès, pensaient d'après ces ministres. Dans le parlement cependant on attaqua milord Godolphin, et on commença dès-lors à se dire que milord Marlborough voulait perpétuer une guerre qui le rendait l'homme de l'Europe le plus important ; il fut assez honnête pour s'affliger de ce

discours. Ce fut dans ce tems-là qu'il écrivit à
la duchesse de Marlboroug cette lettre que je
crois devoir placer en partie dans ces mémoires.

» J'ai consacré ma vie et le peu que j'ai d'in-
» telligence au service de ma patrie. Je vous
» proteste, en présence de Dieu, que mon
» objet principal a toujours été la gloire de
» la reine et de l'Etat..... Je ne veux flatter
» aucun des partis, ils ont l'un et l'autre des
» torts ; mais il faut se défier des Toris : ils
» veulent éloigner du ministere milord Godol-
» phin et tous ceux qui sont nécessaires à con-
» duire cette guerre. Je sens qu'il n'y a que les
» ennemis de la reine et ceux du royaume qui
» puissent dans ce moment songer à la paix.
» Vous pouvez être bien sûre que je ne m'uni-
» rai jamais à des hommes qui ont si peu à
» cœur les intérêts de l'Angleterre. Si la guerre
» continue, je me flatte que dans peu personne
» ne sera plus en état de troubler le repos
» de ma nation. Alors je serai ravi de me re-
» poser moi-même, et je ne porterai point
» d'envie à ceux qui gouverneront ; alors ils
» penseront mieux de Godolphin et de moi
» qu'ils n'en pensent aujourd'hui. Il est bien
» triste pour moi de voir soupçonner la pu-

» reté de mes intentions. Je me flatte d'avoir
» mérité des Anglais qu'ils me croient atta-
» ché à leurs intérêts ; je le serai toujours.....
» Je ne cherche point à plaire au peuple. Il me
» suffit de mourir avec la certitude d'avoir rempli
» mes devoirs ; j'aimerai toujours Godolphin ,
» et ne puis être l'ami de ses ennemis.

Le duc était persuadé , comme on le voit par cette lettre , que l'intérêt de l'Angleterre demandait qu'on rejetât toute proposition de paix. Il prit son intérêt personnel pour celui de sa nation ; et , semblable en cela au grand nombre des hommes , il se fit les illusions dont il avait besoin pour jouir sans vertu du calme de la conscience. Maître du parlement et du conseil , il ne lui fut pas difficile de trouver les moyens de retarder la paix. On la faisait craindre aux Whigs comme la perte de leur crédit et le triomphe des Toris , et dans les Toris même la plupart ne la craignaient pas moins. L'amitié de Louis XIV pour le fils du roi Jacques , les longues guerres qu'on avait soutenues contre la France , la hauteur avec laquelle les ministres de cette couronne avaient long-tems fait parler leur maître, et l'éclat de toute sorte de gloire avaient rendu le roi de France tellement odieux aux Anglais qu'ils se ruinaient avec joie pour abaisser un prince qui les avait humiliés quelquefois.

Milord Marlborough leur fit oublier le véritable objet de la guerre et les principes sur lesquels on avait formé la grande alliance. Il fut déclaré par le parlement qu'on ne ferait point la paix, tant que l'archiduc ne serait pas en possession de toute la monarchie d'Espagne. Cette déclaration flattait l'ambition de la cour de Vienne à qui la guerre promettait beaucoup et coûtait peu.

Le général anglais s'assura de la Hollande en lui inspirant des vues plus ambitieuses qu'elle n'en avait eu jusqu'alors. Il fit espérer à cette république une partie des conquêtes que l'on ferait dans les Pays-Bas.

Le parti qui voulait accabler la France et détrôner Philippe, devenait de jour en jour plus puissant. La reine, quoique mieux disposée pour les Toris, avait voulu suivre à l'égard des partis l'exemple de son beau-frere : elle avait voulu partager entr'eux les places du ministere, et en les balançant l'un par l'autre, s'était flattée de les tenir tous deux dans la dépendance. Mais les chefs des Whigs avaient fait pencher la balance en faveur de leur parti. La reine dépendait d'eux, commençait à le soupçonner et ne pensait pas encore à secouer le joug. Les Whigs profitaient de sa faiblesse et n'abusaient continuellement de leur pouvoir que pour l'augmenter encore et l'établir plus solidement. Ils craignaient le chevalier Hedges qu'ils connaissaient pour un Tori zelé. Ils exigerent qu'on donnât sa place de secrétaire d'Etat au comte de Sunderland, gendre du duc de Marlborough. Ce général n'eut aucune part à ce changement; il désavoua même son parti, mais on ne le crut pas sincere. On a de lui cependant une lettre dans laquelle il dit qu'il ne croirait pas prudent d'irriter les Toris en leur ôtant tous les emplois.

Saint-Jean, affligé du fanatisme de sa nation qui se ruinait par humeur et par des craintes chimériques; affligé de voir dans un pays libre un parti puissant qui menaçait la liberté, se concerta avec Harley pour ramener peu à peu la nation à son intérêt et au bon sens. Il reprit bientôt son crédit parmi les Toris. A la cour, les intrigues de Harley, la faveur de madame Masham, et les caprices de la duchesse de Marlborough préparerent le succès de ses desseins.

La duchesse avait beaucoup d'esprit, de l'imagination, de la sagacité, et même de la justesse quand elle ne voyait pas d'après son humeur. Elle saisissait finement dans les autres et rendait avec graces tous les ridicules, et en était chargée. Il ne lui manqua aucun des caprices que peut inspirer un orgueil difficile. La colere fut sa passion d'habitude, et pour ne pas la gêner, elle se piquait d'être fort sincere. Elle ne connut de l'amour que le plaisir de régner, et ne sut jamais vivre en paix ni avec elle ni avec les autres. De l'ivresse de son mérite, elle tombait quelquefois dans le dégoût d'elle-même et dans l'abattement, et elle sortait de cet état par un profond mépris pour tout ce qui composait sa société.

Il était fort dangereux d'être mal avec elle, mais il fallait le plus grand courage pour oser y être bien. Ses amis, ses enfans, ses créatures étaient obligés de lui sacrifier leur amour-propre, leurs volontés et leur raison. Elle ne pardonnait pas une offense, et lui rendre service, était un moyen de s'en faire haïr. La mort de ses amis, les lui rendit toujours chers; elle oubliait alors le mal qu'elle en avait dit, celui qu'elle leur avait fait, et les pleurait très-sincerement. Il fallait que son mari fût un aussi grand homme qu'il l'était, pour avoir eu de l'ascendant sur elle. Je n'oserais dire qu'elle l'aimait, mais elle était flattée de porter son nom, et elle s'associait à sa gloire.

Pour la reine elle l'aima, du moins-tant que la reine fut son esclave. Elle ne lui pardonnait pas de penser autrement qu'elle sur les Whigs et les Toris. Il se mêla dans leurs disputes à ce sujet un intérêt de religion. La duchesse était plus Whig que chrétienne, et on sait que la reine était dévote.

L'opposition des deux partis étant devenue plus forte, les disputes devinrent plus vives et plus fréquentes entre la reine et la duchesse.

» Je souhaite bien sincerement, écrivait » Anne à son amie, qu'il n'y ait aucune différence » dans les opinions de deux personnes qui doivent » toujours vivre ensemble comme elles y ont » vécu. Rien ne pourra changer votre fidelle » mistriss Morley qui veut mourir avec sa con- » fiance et sa tendresse pour vous. »

Cependant, madame Masham partageait de plus en plus cette tendresse et cette confiance : elle priait avec la reine, elles tremblaient ensemble pour la religion menacée à ce qu'on disait par les Whigs.

La duchesse ne s'apperçut que fort tard de la faveur de sa rivale. Cette rivale lui devait beaucoup, mais la duchesse l'avait accablée de tant de hauteur qu'elle lui avait rendue la re- connoissance difficile. Milady Marlborough, découvrit que madame Masham passait beaucoup de tems seule avec la reine; elle eut de la jalousie qu'elle exprima par de l'emportement. Elle fit part de ses inquiétudes à son mari qui lui conseilla de se conduire avec douceur et de gagner l'amitié de la nouvelle favorite. La duchesse était incapable de chercher à plaire à une femme qu'elle avait long-tems protégée, et qu'elle regardait avec raison comme sa créature. D'ailleurs elle découvrit bientôt que Harley gouvernait madame Masham et qu'on discutait chez elle les moyens d'abaisser les Whigs et d'amener la paix. Milord Marlborough en fut averti; il craignit les suites de ces intrigues et il écrivit à la reine une lettre respectueuse et touchante, dans laquelle il parla de se retirer. La duchesse eut différentes explications avec la reine dans lesquelles elle mit souvent de l'aigreur, et la reine toujours de la bonté. Cette princesse lui demanda son amitié pour madame Masham; celle-ci fit des avances; et rien ne put adoucir milady qui partit pour la campagne, fut quelques tems sans écrire et enfin écrivit des reproches durs et des plaintes peu mesurées, auxquels Anne répondit toujours avec une douceur dont la lettre suivante fera juger.

» Si je ne vous ai pas écrit aussi exactement
» que je voudrais l'avoir fait, ne l'attribuez,
» je vous prie, qu'à la crainte de laisser échapper
» quelques mots qui auraient pu augmenter les
» impressions que vous avez prises. Je crois
» qu'en général, nous avons les mêmes façons
» de penser : et si, par malheur pour moi, il y
» a quelques points sur lesquels nous ne sommes
» pas d'accord, je veux toujours éviter d'en
» parler avec vous. Je vous avoue aussi qu'il
» m'était impossible de répondre à la lettre
» où vous m'accusez de n'être sensible à rien.
» Vous m'affligez en me disant que je me
» séparerais sans peine de milord Marlborough
» et de milord Godolphin. Vous me faites
» apparemment ce reproche, parce que je ne
» vous ai rien dit de la lettre tendre de milord
» Marlborough. J'étais fort occupé quand je
» vous écrivis, et je me contentai de vous assu-
» rer que vous aviez tous trois très-grand tort
» d'imaginer que je préferais d'autres conseils
» aux vôtres. Ma chere Fréeman me croit-elle
» assez stupide pour ne pas sentir tout ce
» que je dois à milord Marlborough et à milord
» Godolphin, et pour ne pas voir combien je
» perdrais s'ils venaient à quitter mon service.
» Je ne leur donnerai jamais une raison de

» m'abandonnner, et ils aiment trop leur patrie
» pour m'abandonner sans raison. Je vous
» demande à vous, de ne pas les y engager et
» de ne pas ajouter à mes chagrins, celui de
» perdre des hommes si utiles. S'ils se reti-
» raient, leur conduite serait injuste et ne
» pourrait se justifier. Quoi qu'il puisse arriver
» de moi, je conserverai pour vous jusqu'au
» dernier moment la plus sincere et la plus
» tendre amitié. »

Tant de bontés ne fléchissaient pas l'inflexible
duchesse qui ne voulait point partager le cœur
de sa souveraine et qui dédaignait de conserver
son empire par des moyens doux et de la
condescendance.

Cependant Harley faisait tous les jours des
progrès dans la confiance de la reine, et Saint-
Jean travaillait à délivrer la cour et la nation
de l'esclavage des Whigs. Il apprit aux chefs
des Toris que la reine attendait d'eux sa liberté.
Il vaqua plusieurs évêchés et des emplois qui
furent donnés à des Toris.

Milord Marlborough qui s'était toujours
menagé entre les deux partis, se rapprocha davantage des Whigs qui lui devenaient plus nécessaires. De nouveaux siéges venant à vaquer, il
en fit donner à des prêtres connus pour Whigs;

mais on sut que la reine y avait résisté long-
tems. On ne douta plus que son retour vers
les Toris ne fût sincere, et on en espéra de
grands effets. Il est certain que dès çe tems, la
reine voulait la paix et n'osait la donner.

Le parlement allait s'assembler; on proposa
de l'abroger et d'en former un nouveau. Milord
Marlborough s'y opposa; Harley voulait du
moins que selon les lois du royaume, ceux
des membres qui avaient obtenu des emplois,
perdissent leurs places dans la Chambre-Basse
ou fussent soumis à de nouvelles élections;
milord Marlborough s'y opposa encore et
réussit. Après avoir fait continuer un parlement dont ils disposaient, milord Godolphin
et lui dirent à la reine, qu'ils lui remettraient
leurs emplois, si elle n'éloignait Harley de ses
conseils. Il aurait été dangereux de refuser ce
sacrifice à deux hommes respectés de la nation
et alors plus absolus dans Londres que la reine.
Cette princesse éloigna Harley de ses conseils
et lui ôta sa charge de secrétaire d'Etat; mais
elle ne fit que sentir mieux le joug qu'on lui
avait imposé, et la duchesse de Marlborough,
fiere de l'autorité de son mari, n'eut plus
d'égards pour madame Masham. Elle se plaignit
de plus en plus de la reine, qui cependant
l'aimait

l'aimait encore; on le voit par une lettre qu'Anne écrivit dans ce tems à la duchesse pour la prier d'être moins injuste.

» Votre humeur, dit la reine, m'a fait » connaître ce que vous pensez; en vérité, » je ne mérite pas vos soupçons, et si vous pou- » viez lire dans mon cœur, vous n'y verriez aucun » changement. Je suis toujours reconnaissante des » preuves d'amitié que vous me donnez, en » me parlant avec sincérité. Quelques légeres » différences dans nos opinions ne m'empê- » cheront pas d'être la même pour ma chere, » ma très-chere Fréeman. Je vous proteste » que je vous aime plus tendrement que je ne » puis vous l'exprimer. »

Tant d'indulgence et d'amitié furent pour milady Marlborough de nouvelles raisons d'exi- ger. Elle se flatta de faire retirer de la cour madame Masham. Il y eut encore quelques éclair- cissemens entre la reine et la duchesse, où celle-ci fut plus haute et plus emportée que jamais. Anne s'aigrit enfin, cessa d'aimer et ne tarda pas à rompre.

Saint-Jean, qui en acceptant la place de secrétaire de la marine et de la guerre, semblait avoir pris des engagemens avec milord Marl- borough; pour être libre de ces engagemens, résigna son emploi, et n'en fut que plus utile dans le parlement, plus cher à son parti et plus respecté du parti contraire. Harley et lui ne perdirent rien auprès de la reine qu'ils voyaient la nuit chez madame Masham où ils lui traçaient sa conduite. Le prince de Danemarck mourut, et la reine qui l'avait toujours aimé le regretta beaucoup. La charge de grand-amiral et celle de président du conseil qu'avait ce prince, furent données, la premiere au comte de Pembroke, et la seconde au lord Sommers. Ces seigneurs étaient Whigs; et la reine ne put disposer à son gré de la succession de son époux.

Le parlement soumis aux ministres, prodigua les trésors de la Nation pour faire une guerre vigoureuse. Saint-Jean aurait voulu qu'on tentât d'envahir une partie des Indes Espagnoles. Les Anglais ne s'étant proposés aucunes conquêtes dans le continent, former dans les Indes de nouveaux établissemens qui leur ouvriraient le riche commerce du Mexique et du Pérou, était le seul dédommagement qu'ils pouvaient espérer de la guerre, et devait être leur objet principale. Cependant le projet de Saint-Jean ne fut pas approuvé, parce qu'il aurait donné de la jalousie aux Hollandais qu'on voulait retenir dans la

ligue. Les Hollandais avaient quelques raisons
de vouloir continuer la guerre, ils étaient en
possession d'un pays riche, étendu, fortifié ;
et en avançant dans ce pays, ils se formaient
une barriere impénétrable.

L'empereur était maître de toute l'Italie ; il
jouissait des revenus de ces provinces, et les
subsides de l'Angleterre et de la Hollande
payaient ses armées.

L'archiduc Charles, régnant déjà sur l'Arragon, la Catalogne et le royaume de Valence,
pouvait se promettre d'autres conquêtes. On
voit donc par quels motifs les plus puissans
des alliés ne desiraient point la paix ; mais, on
ne voit pas quelles étaient, en la refusant,
les vues et les espérances de l'Angleterre.

Depuis que la France avait abandonné l'Italie
et la Baviere, elle soutenait la guerre avec assez
d'égalité dans les Alpes et sur le Rhin. La bataille
d'Almanza semblait devoir affermir Philippe
sur le trône des Espagnes, mais Marlborough
à la tête des principales forces des alliés, rem-
portait dans les Pays-Bas de continuelles victoires ; depuis qu'il était parvenu aux frontieres
de la France, il avançait plus lentement, mais
il avançait toujours. Les meilleures forteresses,
des retranchemens multipliés, des rivieres for-

tifiées, des armées nombreuses, Vendôme et Villars n'avaient pu l'arrêter.

Les trésors que l'Espagne et la France tiraient des Indes Espagnoles, ne pouvaient suffire aux frais de la guerre. Le crédit était tombé dans ces royaumes, les finances ruinées, et les campagnes si dépeuplées, que les armées ne pouvaient s'entretenir et se réparer qu'en détruisant l'Etat.

Louis XIV, dont l'Angleterre n'avait pas écouté les propositions, avait fait des tentatives auprès de l'empereur. Il y avait eu une négociation particuliere entre les cours de Versailles et de Vienne. Louis avait offert de céder les Pays-Bas, l'Italie, la Sicile, la Sardaigne, et même la Catalogne et l'Arragon, et ces offres avaient été rejettées avec hauteur.

La famine qui désola la France en 1709, et la bataille de Malplaquet déterminaient Louis XIV à se soumettre à des conditions plus humiliantes. Le marquis de Torci et Rouillé furent envoyés à la Haye; ils voulurent gagner les Hollandais en leur promettant une barriere telle qu'ils pourraient la souhaiter. Mais ils trouverent ces républicains plus dépendans de Marlborough qu'ils ne l'avaient jamais été de leurs stadhouders.

Ce général était en Angleterre, et les Etats-généraux voulurent attendre son retour avant de répondre aux ministres de France. Quand il revint, on dressa des articles préliminaires qui lui furent remis. Il les porta en Angleterre, et quelqu'avantageux qu'ils fussent à la grande alliance, il ne fit aucun effort pour persuader de les accepter.

Pour empêcher l'effet des offres que la France faisait à la Hollande, on avait fait avec cette république le fameux traité de barriere, par lequel on lui promettait la souveraineté sur la plus grande partie des Pays-Bas : ainsi, Marlborough, pour engager les Etats-généraux à poursuivre la guerre, travaillait à leur grandeur contre l'intérêt de sa patrie. La reine n'approuva pas ce traité, et milord Towshend, ambassadeur à la Haye, le signa malgré les ordres de cette princesse.

On sait quel fut le résultat des conférences de Gertruîdemberg. On sait que Louis XIV avait offert d'abandonner Philippe, et de céder une partie de l'Alsace et de la Flandre Française. Mais les alliés exigeaient encore que le roi de France sacrifiât le sang et l'argent de ses sujets pour détrôner son petit-fils. On voulait forcer la France et l'Espagne à se détruire, ou pour mieux dire, on voulait imposer des conditions qu'il était impossible d'accepter.

On fut alors convaincu en Angleterre que les Whigs et milord Marlborough voulaient perpétuer la guerre.

On commença plus généralement à voir que la maison de Bourbon n'était pas si redoutable, et qu'on élevait sur ses ruines une puissance qui pourrait le devenir. On cessait de haïr Louis XIV en cessant de le craindre. On avait joui de ses premiers revers, mais sa conduite dans ses malheurs, sa persévérance à offrir des conditions raisonnables, réparaient aux yeux de beaucoup d'Anglais les erreurs de son ambition passée. D'ailleurs parmi des peuples éclairés et adoucis par les arts, il en est de l'inimitié des nations comme des haines entre les citoyens. On veut en Europe humilier son ennemi; chez les sauvages on veut le détruire.

L'injustice des alliés fit cesser les plaintes des Français contre leur roi. Ce prince depuis longtems n'en était plus aimé. La guerre de 1700 était nécessaire, mais elle succédait à une guerre qu'on croyait inutile, et de nouveaux fardeaux excitaient de nouveaux murmures. Le peuple accablé d'impôts et la noblesse ruinée ne savaient plus de gré à leur roi de tout ce qu'il avait fait de grand et d'utile.

Les batailles d'Hochstet et de Ramillies, qui ne mirent pas d'abord le royaume en danger, donnerent quelque joie à beaucoup de Français et furent les sujets de leurs chansons. Mais lorsque le roi de France rendit publiques les conditions qu'il aurait acceptées, et celles qu'on voulait lui imposer ; quand il eut fait voir à ses sujets qu'il avait sacrifié sa famille à leur repos, mais que ses ennemis voulaient renverser son trône et se partager la France, alors ce roi, depuis quelque tems haï et redouté, redevint cher à ses peuples, et sa cause devint la leur.

Il était affreux pour les Français, après avoir été la premiere des nations, de cesser d'être une nation. Les peuples, comme les particuliers, sont attachés à leur nom quand il est illustre, et les nations obscures ont une raison de moins d'aimer leur patrie. Le dixieme des revenus et d'autres impôts ne firent point murmurer les Français. C'est un fait que les recrues se firent dans tout le royaume avec plus de facilité qu'elles ne s'étaient faites depuis long-tems, et on vit une nouvelle vigueur dans les armées.

Mais les efforts de la France n'auraient balancé ni la supériorité des alliés, ni le génie de Marlborough, si Saint-Jean et Harley n'avaient relevé le parti opposé aux ministres.

Le conseil, le parlement, les alliés étaient dépendans des maîtres que la reine s'était donnés. Leurs richesses étaient immenses, les armées étaient à leurs ordres, et dans la nation ce qui ne les aimait pas jusqu'au fanatisme, les admirait et les redoutait. Il fallait donc préparer leur chûte avec beaucoup d'art. Il avait fallu du courage pour en former le projet; il fallait pour l'exécuter de la fermeté et de la sagesse. Trop de précipitation ou la plus légere imprudence aurait appesanti les fers de la nation, ou armé une partie de l'Angleterre contre l'autre.

Les Whigs étant composés de beaucoup de non-conformistes, sous un ministere whig, il était aisé de faire craindre pour l'église : Saint-Jean et Harley se servirent du clergé pour ramener le peuple. On persuada à quelques évêques que l'église était en danger si l'autorité restait plus long-tems entre les mains des Whigs. L'allarme se répandit parmi les prêtres; un d'eux la répandit dans le peuple. Sacheverell prêcha dans quelques bourgades, et enfin dans Londres, qu'il était tems de craindre pour la religion. Il le prouvait peut-être mal, mais il en était bien persuadé. Il était peu instruit et peu correct; mais il était véhément, déclamait contre les ministres et invectivait contre les hérétiques. Le peuple courut en foule à ses sermons. Il en prêcha un plus séditieux et plus éloquent que les précédens, il était l'ouvrage du docteur Atterbuti; il fut imprimé et dédié au maire de Londres, et dans l'espace d'un mois, il en fut débité quarante mille exemplaires.

Milord Godolphin était fort maltraité dans ce sermon ; il en demanda justice ; on fit le procès à Sacheverell; la Chambre-basse nomma des commissaires qui ne furent pas favorables au prédicateur : mais il fut bien défendu , et il venait tous les jours se défendre lui même suivi d'une foule innombrable de peuple. Quelqu'argent répandu parmi ce peuple ne diminua pas son zele , et on insulta quelques églises des non-conformistes.

Le procès de Sacheverell traîna en longueur , et pendant ce tems d'autres prédicateurs, dans différentes provinces, animerent le petit peuple. Quelques-uns jetaient de l'argent, et tous au nom de Dieu conjuraient la nation de sauver l'église menacée. On disait avec mystere que la reine était bien éloignée de désapprouver

Sacheverell; on représentait cette princesse comme allarmée pour l'église. On fit craindre la fureur du peuple à une partie des juges du ministre anglican; on sut persuader aux autres que la reine demandait qu'il fut légerement puni. Il fut condamné seulement à se taire pendant trois ans; il fut aussi déclaré incapable de posséder des bénéfices, et sur le champ la reine lui en donna un dans le pays de Galles; il en alla prendre possession, et traversa les provinces au bruit des acclamations des peuples.

La reine vit avec joie le succès des projets de Harley et de Saint-Jean. Elle sentit ce qu'elle pouvait sur la nation; elle prévit sa liberté, mais elle fit un essai malheureux de son autorité renaissante qui pensa la décourager. Madame Masham demanda pour Georges Hill, son frere, le régiment que la mort du comte d'Essex laissait vaquant. Milord Godolphin représenta qu'un grand nombre d'officiers méritaient d'être préférés à Georges Hill, et milord Marlborough écrivit que la promotion du frere de madame Masham était une suite des projets de Harley. Il se plaignit qu'on voulût lui faire quitter le commandement des armées en lui donnant des dégoûts dont ses services auraient du le préserver. Il finit sa lettre par déclarer à la reine qu'il ne peut plus la servir, si elle dispose du régiment d'Essex en faveur de Georges Hill. Milord Marlborough et milord Godolphin se retirerent en même-tems à Windsor. On tint un conseil, et la reine ne les fit pas inviter de s'y trouver. Le comte de Sunderland dit qu'on ne pouvait rien décider dans l'absence des deux principaux ministres; le conseil se sépara, tous les seigneurs murmurerent, le parlement fut prêt à demander l'exil de madame Masham, et on prétend que le comte de Sunderland avait préparé une adresse à ce sujet. La reine fut obligée de céder; le régiment ne fut point donné à Georges Hill, et les lords Marlborough et Godolphin reprirent leurs fonctions.

Peu de tems après, la reine éleva Hill au grade d'officier général, et répara ainsi la faiblesse qu'elle avait montrée en ne lui donnant pas le régiment d'Essex. Il était tems d'oser, et il était surtout dangereux de paraître timide; mais il fallait oser avec circonspection.

Le marquis de Kent, comme grand-chambellan, avait l'entrée dans le conseil; c'était un personnage muet, un homme sans consistance : on l'appellait un Whig, et son parti n'en était ni flatté ni plus fort. La reine donna sa charge au duc de Shrewsburi, et pour consoler le marquis de Kent, qu'il valait mieux décorer qu'employer, elle le fit duc. Milord Shrewsburi avait été Whig zélé, sous le regne de Guillaume, dans un tems où ce parti voulait le bien de la nation. Sa santé l'obligea de voyager. Une femme aimable et dont il devint fort amoureux le retint long-tems à Rome. Quand il revint en Angleterre, cette femme voulut le suivre, changea de religion et l'épousa.

Milord Godolphin craignait le génie supérieur du duc de Shrewsburi, et les chefs des Whigs le rendirent odieux à leur parti. Il s'unit à Harley, et la reine voulut se l'attacher. L'entrée de ce seigneur dans le conseil, inquiéta tous les ministres ; il était estimé de la nation, et la place qu'on lui donna, le rendit utile aux desseins de la reine.

Enfin cette princesse et les Toris se crurent assez puissans pour éloigner sans danger le comte de Sunderland, à qui madame Masham ne pardonnait pas l'adresse qu'il avait voulu présenter pour la faire exiler. On renvoya, sans en donner de raisons, un ministre habile, gendre du duc de Marlborough. Ce duc était alors en Flandres occupé à prendre Douay. Il écrivit à la reine pour la prier de retarder la disgrace du comte du moins jusqu'à la fin de la campagne ;

il promit que cette grace serait la seule qu'il demanderait pour récompense de ses services. Il menaçait de se retirer si on la lui refusait. Les alliés firent solliciter la reine de laisser en place le comte de Sunderland; ils avaient une entiere confiance en lui; ils prévoyaient qu'il serait remplacé par un ministre qui leur serait moins dévoué, parce qu'il dépendrait moins du duc de Marlborough.

Les Whigs qui sentaient l'importance du coup qu'on leur portait se plaignirent, prierent et menacerent. La reine ne changea pas de résolution, et milord d'Armouth fut fait secrétaire d'Etat. On offrit au comte de Sunderland une pension de trois mille livres sterlings, il la refusa et dit qu'il n'aurait pas la bassesse de recevoir de l'argent de sa patrie, puisqu'il ne pouvait plus la servir.

Voici ce qu'écrivirent alors au duc de Marlborough les principaux chefs des Whigs et quelques ministres.

« Votre lettre à milord Godolphin nous a » informés, Milord, des inquiétudes que vous » a données le comte de Sunderland. La reine » a vu cette lettre sage et touchante, et cepen- » dant elle a fait redemander ce matin les sceaux » à votre gendre. Nous avons employé sans

» succès tous les moyens possibles pour pré-
» venir ce malheur. Nous avons inutilement
» remontré quelles suites ce changement pou-
» vait avoir en Angleterre et chez nos alliés.
» Nous sommes pénétrés de douleur, Milord,
» nous partageons sincerement le chagrin que cette
» injustice va vous faire éprouver. Faut-il qu'on
» vous afflige dans un tems où vous exposez vos
» jours pour votre patrie, et lorsque la déstinée
» de l'Europe dépend entiérement de vos con-
» seils et de votre bonne conduite ? Nous sommes
» persuadés cependant que vous ne pouvez
» quitter le service sans exposer l'Angleterre et
» les alliés. Nous vous conjurons, Milord,
» par la gloire que vous avez acquise, par les
» services que vous avez rendus à la reine et à
» l'Etat, par tout ce que l'Europe attend de vous,
» enfin par ce que vous avez de plus cher, par
» ce peuple anglais qui se confie en vous, de ne
» pas laisser imparfait ce que vous avez si bien
» commencé. Restez à la tête de l'armée : c'est
» le seul moyen d'empêcher que le parlement
» ne soit séparé. Nous aurons une éternelle re-
» connaissance de la complaisance que nous vous
» demandons ; elle est nécessaire à la patrie.
» Songez, Milord, que si vous vous retiriez,
» vous combleriez de joie ses ennemis. »

La lettre était signée *Cowper*, *Godolphin*, *Sommers*, *Newcastle*, *Orford*, *Devonshire*, *Hallifax* et *Boyle*.

Cette lettre eut son effet, et milord Marlborough ne quitta point le commandement de l'armée. Cependant la disgrace du comte de Sunderland fit tort au crédit public ; elle fit baisser le change et les papiers de crédit.

Pour entendre comment la disgrace d'un seul ministre influait à ce point sur les affaires générales, il faut connaître comment le nombre et les richesses des Whigs s'étaient accrus par la guerre : les dépenses excessives qu'elle entraînait nécessairement, avaient forcé les Anglais à établir de nouveaux impôts, à faire des emprunts, et à donner cours à des papiers de crédit qu'on acquittait à la banque. L'augmentation des impôts avait fait créer des charges de finances ; la facilité de recevoir ses revenus en rente sur l'Etat, et la sureté des fonds qu'on y plaçait engageaient un grand nombre de citoyens à préférer cette espece de biens aux fonds de terre qui demandent plus de soins, et dont le produit n'est pas toujours le même. L'intérêt que l'Etat payait à la banque pour les papiers qu'elle acquittait, faisait augmenter en peu de tems la fortune des banquiers ; par conséquent tous les intéressés à la banque, ceux qui avaient des fonds placés sur l'Etat, et les citoyens qui avaient de nouvelles charges de finances, voyaient leurs avantages et la durée de leur situation dans la durée de la guerre. A la paix, ils devaient prévoir, les uns un remboursement, les autres une suppression de leurs charges, et les banquiers le terme de leurs avances usuraires. Ces différens ordres de citoyens et les munitionnaires des armées, ceux qui entreprenaient l'équipement des flottes et ceux qui prétendaient aux honneurs militaires, s'étaient donc attachés au parti qui voulait la guerre, et ils étaient devenus les plus zélés des Whigs, et les plus dévoués à la famille du duc de Marlboroug; ils ajoutaient tous les jours quelques degrés à la puissance des Whigs, parce que leur nombre augmentait ainsi que leurs richesses et leurs espérances. On voit comment ils étaient les maîtres de faire baisser le crédit, et pourquoi ils se servirent de cet artifice pour faire rétablir le comte de Sunderland, ou du moins pour retarder la chûte des ministres qu'ils devaient croire opposés à la paix.

En même tems la Hollande et la cour de Vienne parurent alarmées, et firent part de
leurs

leurs alarmes à la reine. Elle fut obligée de faire dire aux directeurs de la banque et aux alliés, qu'elle ne se proposait pas d'autres changemens dans le ministere. Elle en fut remerciée par les ambassadeurs des alliés ; ils oserent prier cette princesse de la part de leurs cours de laisser subsister le même parlement. On peut juger par cette démarche, et par la lettre des seigneurs, combien les Whigs craignaient le renvoi du parlement. Tant qu'il serait composé de membres soumis à leur parti, ils étaient sûrs que les variations de la cour feraient peu de tort à leur pouvoir ; mais dans ce tems même il arrivait de toutes parts des adresses à la reine, par lesquelles on la suppliait de former un parlement nouveau, et d'avoir attention qu'aux élections on nommât des députés attachés à l'Eglise et à l'Etat. Ces adresses ne lui laisserent plus ignorer les vœux du peuple, ni de ce qu'elle pouvait sur lui ; elle osa donc enfin donner ses ordres pour dissoudre ce parlement si indépendant d'elle, et livré si aveuglément au duc de Marlborough. Il fallut prendre des mesures pour composer au gré de l'Église et de la cour le parlement nouveau. Les ministres ont toujours beaucoup de crédit dans les élections, et dans le ministere les Whigs étaient encore en plus grand nombre ; il fallait donc hâter le changement des ministres. Milord Godolphin fut renvoyé, sa charge fut mise en commission. Harley, l'un des commissaires, fut nommé chancelier de l'échiquier ; le comte de Rochester redevint président du conseil ; le duc de Buckingham fut grand maître, et Saint-Jean secrétaire d'Etat.

On peut regarder ce moment comme décisif pour la tranquillité de l'Europe, et celui du triomphe de Harley et de Saint-Jean. De ce moment la reine fut libre, et sentit le plaisir de l'être ; après avoir ainsi composé son conseil, elle donna ses ordres pour convoquer un parlement. Les partis étaient trop animés pour que les élections fussent tranquilles. Les nouveaux ministres se servirent de tous les moyens pour donner la pluralité aux Toris. Le clergé fut pour eux, et les servit bien ; la populace, animée par le fanatisme, ou corrompue par l'argent, les soutint quelquefois par la violence. Les Toris eurent aussi pour eux des citoyens éclairés, qui craignaient dans les Whigs un pouvoir dont on abusait depuis long-tems.

Il parut dans le tems des élections une feuille périodique sous le nom de l'*Observateur*, elle était

écrite avec feu, et on y découvrait une profonde connaissance des affaires ; elle mettait
dans un grand jour les intérêts de la nation et
la conduite du ministere précédent ; elle répandait sur les Whigs ce ridicule philosophique qui accable toujours, parce qu'il fait sentir avec agrément la vérité. Cette feuille eut
beaucoup de réputation, et fut utile à la cour.
Saint-Jean en avait donné l'idée ; le docteur
Atterbury et Prior y eurent quelque part, mais
elle fut presqu'entiérement l'ouvrage du docteur Swift.

Né sans biens, il avait été élevé chez le fameux Chevalier Temple, politique, philosophe, et comme Montaigne, philosophe du bon
sens. Le chevalier, parent de Swift, et fort
ami de sa mere, s'attacha beaucoup à l'éducation du jeune homme qu'il fesait vivre. Livré
dans sa jeunesse aux négociations et aux affaires, Temple s'en occupait encore dans sa
retraite ; tout ce qui avait rapport au gouvernement était l'objet de ses réflexions et le sujet
le plus ordinaire de sa conversation. Swift y
prit l'habitude de penser beaucoup à la science
de gouverner les hommes. Il acquit des lumieres
dans cette science, et il en a fait un usage avantageux à sa patrie ; il avait choisi l'état ecclé-

siastique, et, quoi qu'on en ait dit, il fut toujours de très-bonne foi un anglican rigide et un
prêtre sage.

Le roi Guillaume, plein d'estime pour le chevalier Temple qu'il avait connu en Hollande, et
qu'il allait voir souvent dans sa retraite, avait
promis des bénéfices au jeune Swift qui perdit
peu de tems après l'ami qui lui tenait lieu de pere,
et ses espérances ; il n'obtint que la conduite
d'une paroisse en Irlande, et là il se regarda
moins comme placé que comme exilé. Cette
situation aigrit son humeur naturellement fa-
rouche : une femme qu'il aimait, et dont il était
aimé, aurait dû adoucir son caractere ; mais la
vanité de Swift fit de sa passion un malheur
de plus. Son épouse était fille d'un domestique
du chevalier Temple. Swift fut affez amoureux
pour se marier, mais trop peu pour ne pas
rougir de son mariage ; il le tint toujours secret. Il allait voir son épouse dans une maison
de campagne éloignée de la sienne, et les visites
mystérieuses qu'il lui rendait, attirerent le mépris public sur l'objet de sa passion.

Stella, c'était son nom, fut pénétrée de douleur ; mais Swift n'en fut point touché. Elle
était belle, elle avait de l'esprit, une voix
agréable, plusieurs talens, l'ame la plus tendre

et la plus douce, et son époux lui fit toujours sentir qu'elle l'humiliait; elle tomba dans une maladie de langueur dont elle mourut, et Swift pleura toute sa vie l'épouse qu'il avait rendue malheureuse. Ce chagrin ajouta encore à sa misanthropie.

Il a employé tout son tems à écrire contre les Whigs, sous le ministere desquels il n'avait rien obtenu, et contre la nature humaine qu'il avilit autant qu'il lui est possible. Par-tout il est philosophe, et par-tout sa bile l'emporte sur sa raison. Il ne veut point corriger les hommes, il les outrage. Il laisse toujours voir à son lecteur qu'il le méprise, et il paraît ne remarquer nos défauts que pour en jouir. Il servit beaucoup au parti des Toris qui le firent doyen de Saint-Patrice. Il fut fort utile à l'Irlande, qu'il éclaira sur le commerce. Jusqu'à sa mort il aima Saint-Jean et Pope. Swift est un écrivain profond, élégant, facile, satirique outré, et dont la plaisanterie originale, mais peu légere, est plutôt le fruit de l'indignation que de la gaîté.

Adisson répondit pour les Whigs à la feuille de l'*Observateur* : ses réponses ont plus d'élégance que de force; elles eurent peu de succès, même dans son parti.

Après la campagne, milord Marlborough revint à Londres ; il était encore si cher aux Anglais, que le peuple courut en foule au-devant de lui, et le conduisit jusqu'au palais de Saint-James avec des acclamations auxquelles il eut l'air de se dérober.

Il obligea la duchesse de Marlborough à se démettre des charges qu'elle avait chez la reine. Il ne crut pas convenable qu'après avoir été long-tems l'amie de sa souveraine, elle n'en fût plus que la domestique. La charge de dame d'honneur fut donnée à la duchesse de Sommerset, et celle de trésoriere à madame Masham.

Milord Marlborough parut dans ce parlement, composé de Toris, et il y fut encore respecté ; il y justifia le comte de Sunderland, auquel on attribuait les malheurs arrivés en Espagne, parce que le comte avait voulu qu'on y fît une guerre offensive. Milord Marlborough fit sentir que son gendre aurait été réellement coupable, s'il avait donné le conseil de se borner à faire en Espagne une guerre défensive : on aurait pu lui faire alors plus justement deux reproches si souvent répétés ; l'un, d'avoir voulu traîner la guerre en longueur ; l'autre, d'avoir porté toute son attention et les forces de l'Angleterre dans les Pays-Bas, où commandait son beau-pere. Milord Marlborough parla aussi avec fermeté en faveur de milord Godolphin, qu'on accusait de n'avoir pas fourni les fonds nécessaires en Espagne et en Italie pour les faire passer en Flandres. Il se conduisit en tout avec dignité et avec sagesse ; il vit les nouveaux ministres, il concerta avec eux les opérations de la campagne prochaine, et il osa toujours leur dire que, pour la premiere condition de la paix, il fallait que Philippe V abandonnât l'Espagne, et que la France cédât ses frontieres hérissées de forteresses qui l'avaient rendue si formidable.

La reine voulut qu'on laissât au duc le commandement de l'armée ; mais elle le gêna par des ordres secrets ; elle tira de l'armée plusieurs officiers généraux trop dépendans de lui, et 5000 hommes pour les donner à George Hill, qu'on chargeait d'une expédition dans les Indes.

Saint-Jean avait conseillé cette expédition. La flotte fut pourvue avec beaucoup de négligence. On devait entreprendre sur Quebec, et on n'avait pas de pilotes qui connussent bien le fleuve de Saint-Laurent. Une tempête essuyée sur ce fleuve, fit périr une partie de cet armement. Sans doute il eût été avantageux aux Anglais d'enlever à la France cette importante colonie ; mais une petite flotte, cinq mille hommes, et Georges Hill étaient-ils capables d'exécuter ce projet ?

Ce fut à-peu-près dans ce tems qu'un Français attenta à la vie de Harley et voulut attenter à celle de Saint-Jean. Guiscard banni de sa patrie, s'était attaché au duc de Savoie dont il avait gagné la confiance. Il avait donné un projet pour faire soulever les provinces méridionales de France ; et quoique le projet n'ait pas eu lieu, l'auteur avait été bien reçu en Angleterre. Il y arrivait recommandé par le duc de Savoie qui le peignait comme un homme intelligent et capable de tout oser. Sous le ministere du comte de Godolphin il avait obtenu une pension : Saint-Jean découvrit que ce Français entretenait des intelligences dangereuses, et le fit arrêter. Quand Guiscard fut conduit dans la chambre où il devait être interrogé, il demanda instamment qu'on fit retirer tout le monde et à parler en particulier à Saint-Jean ; ce ministre n'y voulut point consentir. Guiscard demanda la même grace à Harley qui le refusa de même. Alors ce malheureux s'approcha d'une table sur laquelle il prit un canif dont il frappa Harley. Il voulut ensuite se jeter sur Saint-Jean qui le perça de son épée.

On a parlé fort diversement en Angleterre de cet attentat. Burnet et plusieurs autres ont assuré que les catholiques méditaient depuis long-tems un dessein contre la reine et contre ses ministres, et que Guiscard en était l'instrument. Ils ont insinué que la cour de France et surtout le marquis de Torci étaient les auteurs de ce dessein. On avait surpris une lettre de Guiscard au marquis de Torci, et une réponse de ce ministre. Guiscard, dans sa lettre, offrait ses services et demandait de retourner dans sa patrie. Le marquis de Torci lui repondait que s'il voulait obtenir cette grace, il fallait la mériter. Qu'exigeait-il de lui ? on l'ignore ; mais on n'ignorait pas à la cour de France que la reine et le ministere d'Angleterre étaient disposés à la paix, et il n'était pas de l'intérêt de la France qu'Anne mourût ni qu'elle eût d'autres ministres.

Ne croyons pas aux crimes inutiles.

Quelques Toris ont accusé milord Marlborough et le prince Eugene d'avoir engagé Guiscard à cet assassinat. Ce bruit a été répandu fort long-tems sans aucune preuve. Quand Guiscard vit sa correspondance avec le marquis de Torci découverte, quand il se vit arrêté, il se crut perdu. Dans son désespoir il voulut se venger de Harley et de Saint-Jean. Il est aisé de croire que Guiscard était un insensé, et on ne doit pas se persuader légérement que deux grands hommes aient été capables d'une scélératesse aussi basse.

Après cet accident Harley rendit à la nation un service très-important. La révolution du ministere avait ôté presque tout crédit au gouvernement ; la campagne allait commencer en Flandres et on n'avait pas les fonds nécessaires. Harley proposa deux loteries à-peu-près semblables à celles que nous avons vu de nos jours en France. Cette opération de finances par laquelle le peuple ne paie qu'un tribut volontaire et sacrifie un intérêt modique à de grandes espérances, fit un honneur infini à Harley, et la reine se hâta de le récompenser : il fut créé comte d'Oxford et de Mortimer. Saint-Jean était un des ministres qui avaient le plus l'estime de la nation ; personne n'avait plus contribué à la tirer des fers en soulevant le peuple et l'Eglise contre un parti tout puissant ; personne n'avait plus inspiré les moyens de former un parlement nouveau et n'avait mieux servi la cour dans les

'élections. Il aurait été élevé à la pairie en même
tems que Harley, mais il était nécessaire dans la
chambre des communes, et la reine prit le parti
de l'y laisser encore quelque tems.

Cependant le comte d'Oxford à la tête des
affaires parut accablé de son fardeau. Il y a loin
d'un fin courtisan à un ministre habile. L'esprit
d'intrigue qui avait fait son élévation, pouvait
le soutenir quelque tems, mais devenait dangereux. Il craignait les Whigs et leur fit des
avances. Il était jaloux du crédit que Saint-Jean
avait chez les Toris et il voulut leur rendre ce
ministre suspect.

Le prétendant avait encore quelques partisans,
et la reine aimait son frere. Le comte entretint
des intelligences avec le prétendant ; il ménageait
en même tems la cour d'Hanovre ; il répondit
favorablement aux propositions de paix que la
France fit faire ; il entretenait les Hollandais
dans l'espérance qu'on confirmerait le traité
de barriere ; enfin il mit partout de la finesse,
parce qu'il ne voyait pas les grands moyens ; et
de la duplicité, parce qu'il eut toujours de
l'incertitude.

On agita de nouveau dans le parlement la
question du serment que dévaient prêter les
non-conformistes, et ce parlement, Tori et

plus rigide que les précédens, décida que pour avoir part aux élections et posséder des emplois, il fallait professer ouvertement la religion dominante et renouveller tous les ans le serment par lequel on s'engage à vivre dans cette religion. Il est assez singulier que les Whigs aient favorisé l'établissement de cette loi; mais le comte de Nottingham, Tori depuis long-tems, était uni aux Whigs depuis peu, et il avait exigé d'eux qu'ils appuieraient le bill contre les non-conformistes. Les Whigs y consentirent pour augmenter leur parti d'un grand nombre de Toris qui suivaient les impressions du comte de Nottingham et qui étaient opposés à la paix. Le comte d'Oxford avait d'ailleurs fait entendre à plusieurs chefs des Whigs que cette démarche les justifierait auprès de la reine du reproche d'irréligion, que cette princesse ne haïssait en eux que leur opposition à l'église dominante, et qu'elle leur rendrait bientôt leur crédit si elle pouvait les croire plus favorables à l'Église. Il leur donna de grandes espérances; il leur rendit quelques services et ne fit que les irriter.

Cependant la paix devenait tous les jours plus nécessaire à l'Angleterre accablée de dettes, d'impôts et de divisions. La cour de France connaissait l'état de ses ennemis, et le marquis de Torci fit passer à Londres ces propositions.

On donnera aux Anglais des sûretés pour leur commerce en Espagne, aux Indes et dans la Méditerranée.

Le roi accorde à la Hollande une barriere dans les Pays-Bas telle que l'Angleterre voudra la prescrire.

Sa majesté promet entiere liberté et sûreté de commerce aux Hollandais.

On conviendra de bonne foi des moyens de satisfaire les alliés de l'Angleterre et de la Hollande.

On ouvrira les conférences incessamment pour traiter sur la base des conditions.

Les plénipotentiaires du roi traiteront avec ceux de l'Angleterre et de la Hollande seuls ou conjointement avec ceux des alliés au choix de l'Angleterre.

Il y avait encore deux articles; l'un faisait entendre qu'on comptait que Philippe V resterait en possession de ses monarchies, et l'autre indiquait le lieu des conférences.

Ces conditions furent trouvées trop avantageuses à la maison de Bourbon par la reine et par ceux de ses ministres qui desiraient le plus la paix.

Philippe V venait de perdre la bataille de Sarragosse, et son trône était ébranlé. On fut quelque-tems sans répondre à la cour de Versailles; mais l'arrivée du duc de Vendôme en Espagne y changea l'état de la guerre. Il défit à Brighuela les Anglais et le général Stanhope; il battit l'armée de Charles à Villa-Viciosa. L'empereur Joseph mourut, et ces événemens engagerent les ministres de la reine d'Angleterre à faire plus d'attention aux propositions de la France.

Saint-Jean écrivit au marquis de Torci que la reine Anne souhaitait sincérement la paix. Il lui dit que les articles préliminaires qu'on vient de rapporter étaient trop vagues. Il l'exhorte à s'expliquer avec plus de précision.

« Si vous voulez traiter de bonne foi et à
» des conditions raisonnables, dit Saint-Jean,
» vous n'avez rien à craindre des alliés ni des
» Whigs. Leurs intrigues ne m'inquietent pas,
» et si vous pouvez prendre en moi la confiance
» que je mérite, vous verrez le parlement, qui
» va s'assembler, aussi porté à la paix que le
» précédent l'a été à la guerre. »

Le marquis de Torci fit partir pour Londres un homme chargé des intentions du roi, et Prior alla en France de la part de la reine.

Les intérêts du commerce étaient les principaux intérêts de l'Angleterre. Prior était l'homme de sa nation qui depuis le fameux Locke, ait le mieux entendu cette partie essentielle du gouvernement. Il fut appellé aux premieres assemblées qui se tinrent chez Saint-Jean à l'occasion de la paix. Quoique né dans la derniere classe du peuple, sans la mort de la reine et le changement du ministere, il pouvait prétendre aux premieres places. Son pere, malgré sa pauvreté, l'avait fait élever avec soin et lui avait fait même apprendre le latin; mais après la mort du pere, ce commencement d'éducation n'avait servi qu'à rendre le fils plus malheureux. Il fut réduit à être valet d'hôtellerie. Il se fit aimer de son maître et ne négligea pas cependant la lecture des bons livres. Il ne pouvait y donner que les jours de fêtes et quelques momens qu'il dérobait au sommeil. Un goût naturel lui fit aimer les meilleurs écrivains du siecle d'Auguste.

Le comte de Dorset passant dans l'hôtellerie où servait Prior, le trouva lisant Horace, et fut surpris de voir un homme de cet état lire Horace et en sentir les beautés. Le comte engagea Prior à le suivre, et lui fit reprendre ses études. Le jeune homme avait fait des vers dès son enfance, il en fit de bons quand il fut plus instruit. Il y a dans beaucoup de ses ouvrages du goût, de la délicatesse, de la naïveté, et quelquefois de la force. Il avait été secrétaire d'ambassade à Riswick, et il fit un voyage en France à la suite de milord Jersey. Saint Jean, qui lui connaissait beaucoup de lumieres sur les intérêts des deux nations, avec l'habitude des affaires et un caractere et des graces qui devaient plaire en France, le choisit pour y négocier. Prior, en effet réussit à Paris, même auprès des femmes; il plut au marquis de Torci et au roi qui voulut se l'attacher, et fit faire des offres avantageuses à Prior, qui ne voulut point renoncer à sa patrie. Dès qu'il fut arrivé en France, à la fin de 1711, il convint avec le marquis de Torci de ces articles préliminaires :

La France reconnaîtra l'ordre de succession à la couronne de la Grande-Bretagne tel qu'il est établi par les parlemens.

Dunkerque sera démoli, et le port détruit.

Gibraltar et le Port-Mahon resteront entre les mains de ceux qui les possedent.

Les Français céderont aux Anglais le privilege de l'assiento pour le terme de 30 ans.

Les Anglais feront le commerce en Espagne

et

et aux Indes sur le même tarif et aux mêmes conditions que les Français.

L'île de Saint - Christophe sera cédée à la Grande-Bretagne.

Les Anglais demandaient encore la baie d'Hudson , le cap Breton et l'île de Terre-Neuve ; ils demandaient que l'Espagne donnât , dans les Indes des places où ils feraient rafraîchir leurs negres , et qui protégeraient le commerce ; mais la discussion de ces articles fut renvoyée d'un commun consentement à la paix générale.

On fit part aux Hollandais des premieres propositions de la France et des préliminaires convenus. On leur demanda de nommer un lieu pour les conférences , et d'envoyer des passeports aux ministres de France et d'Espagne. Le comte de Strafford fut chargé de leur faire remarquer qu'aucun des articles signés entre la France et l'Angleterre n'était contraire aux intérêts de la Hollande , et que les privileges accordés aux Anglais , étaient auparavant entre les mains des ennemis ; il devait leur dire que ces préliminaires n'engageaient point la reine à se séparer des alliés, et qu'elle ne conclurait point de traité qu'ils n'eussent obtenu une entiere satisfaction. Mais il devait aussi les avertir

de ne point prétendre faire approuver le traité de barriere, également odieux à l'Angleterre et à la maison d'Autriche ; il devait les avertir que s'ils ne voulaient point accepter les propositions de la France, l'Angleterre continuerait la guerre, et garderait ses engagemens ; mais qu'elle était déterminée à retrancher une partie des subsides qu'elle accordait aux alliés, qui seraient à leur tour obligés à de plus grands efforts, et à partager enfin un poids dont la nation anglaise était surchargée.

Les Hollandais se plaignirent qu'on voulût les engager à choisir le lieu des conférences et à commencer les négociations sur des propositions aussi vagues. Ils déclarerent qu'avant tout il fallait savoir d'une maniere plus précise les intentions du roi de France. Ils envoyerent Buis en Angleterre pour faire à ce sujet des représentations qui furent écoutées, et Saint-Jean pria le marquis de Torci de s'expliquer aussi clairement sur les conditions de la paix générale, qu'il s'était expliqué sur les conditions de la paix particuliere avec l'Angleterre. La reine promit de garder le secret à la France sur les conditions définitives, au cas que cette couronne ne voulût pas d'abord les faire connaître aux alliés. Le marquis de Torci fit partir pour Londres un mémoire fort détaillé, dans lequel était contenu ce que le roi voulait retenir ou céder. Il y redemandait fortement Tournay, et priait la reine de lui faire rendre une ville autrefois la capitale de la France, et dont la possession pouvait le dédommager du sacrifice de Dunkerque. Le marquis de Torci proposait une suspension d'armes. C'était l'avantage de la France, qu'une nouvelle défaite pouvait réduire à l'extrémité : la reine y consentait à une condition ; il fallait auparavant donner à l'Angleterre toutes les suretés possibles que les couronnes d'Espagne et de France ne pourraient jamais être réunies sur une même tête.

Le comte de Strafford fit part à la Hollande des nouvelles propositions de la France, et demanda une réponse positive. Elle fut retardée sous différens prétextes. Les alliés étaient informés des intrigues des Whigs ; ils étaient persuadés que le parlement s'opposerait à la paix, et ils attendaient qu'il fût assemblé ; mais le ministere anglais pénétra leurs desseins, et les força de répondre ; enfin, ils consentirent à négocier, et Utrecht fut celle des villes proposées pour les conférences que les Hollandais choisirent.

Le parlement fut assemblé le 7 décembre 1711 : la reine dit aux chambres que, malgré les artifices de ceux qui ne respiraient que la guerre, on était convenu du lieu et du tems où s'ouvriraient les séances du congrès. Ce discours, qui désignait le duc de Marlborough, fit murmurer une partie des communes et presque toute la chambre haute. Le duc voulut se justifier, et dans son discours il lui échappa de dire : *Je ne puis me conformer en aucune manière aux mesures qui ont été prises pour entrer en négociation avec la France.* Cromwel aurait-il parlé d'un autre ton ?

Les seigneurs présentèrent une adresse à la reine pour l'inviter à se souvenir de la liberté de l'Europe et de la gloire de l'Angleterre, et à penser que l'Espagne et les Indes ne devaient jamais être cédées à la maison de Bourbon. Il fut proposé dans la chambre des communes de présenter la même adresse ; mais cette chambre se contenta de supplier sa souveraine en termes généraux de faire ses efforts pour obtenir une paix utile et glorieuse à l'Angleterre et à ses alliés.

Le comte de Galas, ministre de l'empereur, fit imprimer à Londres les premieres propositions de la France, avec un commentaire injurieux aux ministres de la reine. Le baron de Bothmar, envoyé d'Hanovre, fit répandre un écrit qui contenait les craintes vraies ou simulées de son maître : la succession, disait-il, n'était plus assurée à la branche protestante, si l'Espagne restait sous la domination du petit-fils de Louis XIV. L'évêque Burnet eut une audience de la reine, et lui dit que si elle fesait la paix avec la France dans moins de trois ans, elle serait égorgée, et que le sang protestant coulerait dans les rues de Londres, versé par des mains catholiques, comme au tems de la reine Marie.

On disait par-tout qu'Anne se reconciliait avec Louis XIV, pour rendre ce prince plus favorable à son malheureux frere. Traités particuliers avec l'étranger, calomnies dangereuses distribuées avec art, craintes sans fondement suggérées, tout fut mis en usage par le parti des ennemis de la paix.

On prétend qu'il se trama dans la chambre des seigneurs une conspiration dans laquelle entrerent, dit-on, le prince Eugene, le grand pensionnaire d'Hollande, l'envoyé d'Hanovre, et à la tête de laquelle étaient le comte de Nottingham et le duc de Dévonshire. On accuse les conjurés d'avoir eu dessein d'enfermer la reine à la tour, et d'élever sur le trône l'électeur d'Hanovre. Il est certain que le prince Eugene vint à Londres essayer ce que pouvait sa réputation, et qu'il s'engagea dans des intrigues au-dessous de sa gloire.

Milord Marlborough approuva ce qu'il n'inspirait pas; il prit des mesures pour rompre les négociations, il eut des entrevues nocturnes avec le comte de Galas et le baron de Bothmar; sa sagesse et son sang froid ne laissaient pas paraître ses desseins, et l'on ne sait pas jusqu'où allaient ses projets; mais il disait et au parlement et au milieu de la cour, que l'Europe était en danger si l'on ne continuait pas la guerre, et que, pour ne plus craindre le retour du prétendant, il fallait accabler la France.

A tant de fanatisme et d'intrigues voici la conduite qu'opposèrent les ministres. Saint-Jean sut engager les communes à demander qu'on leur communiquât les traités par lesquels étaient réglés les contingens des alliés.

Il présenta ensuite un état exact des dépenses annuelles de l'Angleterre, du nombre des soldats anglais qu'elle avait entretenus, et des troupes étrangéres qu'elle avait à sa solde, enfin, des secours d'hommes et d'argent qu'elle avait prodigués. Il fit voir qu'aucun des alliés n'avait rempli ses engagemens ; que la cour de Vienne, qui demandait avec tant de hauteur la restitution des Espagnes, n'avait donné à l'archiduc aucun secours, que les armées de ce prince étaient payées par l'Angleterre, que lui-même avait long-tems vécu des libéralités du comte de Peterborough ; qu'en plusieurs occasions où les alliés ayant refusé ou différé leurs contingens, les Anglais y avaient toujours suppléé ; que plusieurs princes, dont les troupes étaient à la solde de la reine, avaient eu rarement ces troupes complettes, et que récemment les Hollandais avaient refusé de contribuer par une dépense médiocre à l'exécution d'un projet que le duc de Marlborough avait abandonné par leur faute.

Il fit voir que la conquête de Bouchain, seul avantage des alliés en 1711, coûtait à l'Angleterre plus de sept millions de liv. sterl.

Il prouva que les dépenses de la guerre se montaient à 90 millions de liv. sterling, dont on avait sacrifié 20 millions au-delà des engagemens.

Il fit ensuite remarquer combien l'entretien des flottes et des armées, les taxes de toute espece avaient fait de tort aux négocians, et quelle perte l'interruption du commerce avec la France et surtout avec l'Espagne avait causée à la patrie.

L'Angleterre a un commerce immense dont les principales branches viennent de son propre fonds. Le produit de ses manufactures est de plus de quatre millions sterlings. C'est surtout en Espagne et aux Indes, par la voie de Cadix, qu'elle s'en procure le débit. Elle abonde en bétail et en grains, etc. La mer étant couverte d'armateurs Français et Espagnols, les envois sont toujours dangereux.

Les Hollandais ayant eu l'art de se conserver au milieu de la guerre la liberté de commerce avec la France et l'Espagne, ce sont eux qui font, pendant la guerre, une partie du commerce de l'Angleterre ; ils en achetent les marchandises qu'ils transportent chez l'étranger. Leurs pavillons sont respectés de l'ennemi commun qui leur ouvre ses ports, et leur navigation augmente, tandis qu'en Angleterre une partie des matelots est sans emploi, qu'on ne construit plus de vaisseaux et que beaucoup d'anciens bâtimens restent inutiles.

Après avoir mis sous les yeux du parlement tant de dépenses excessives et les autres inconvéniens de la guerre, Saint-Jean fit voir combien peu on s'était occupé de tirer pour l'Angleterre quelques avantages de cette guerre.

Par le traité de la grande alliance, les conquêtes dans les Indes devaient rester aux Anglais, et sous le ministere précédent on n'avait rien tenté dans les Indes.

La discussion du traité de barriere acheva de convaincre les communes que l'intérêt de l'Etat avait toujours été sacrifié à des intérêts particuliers ou étrangers.

Ce traité donnait à la Hollande presque toutes les provinces des Pays-Bas, ce qui détruisait ou du moins gênait le commerce de l'Angleterre avec ces provinces et avec l'Empire. De tous les Etats de l'Europe la république d'Hollande est celui dont l'Angleterre doit le plus craindre l'aggrandissement. Rivale de commerce, elle deviendrait bientôt un ennemi dangereux si elle était rivale de puissance.

Le Portugal, pour avoir prêté quelques mauvaises troupes, devait avoir une partie des Indes, de l'Andalousie et de l'Estramadure.

La maison d'Autriche espérait des Etats immenses.

Le duc de Savoie avait aggrandi les siens.

On donnait à l'électeur de Brandebourg la Gueldre et le titre de roi.

A peine avait-on pensé dans ce traité à la sûreté des colonies et du commerce de la nation anglaise. Il fut prouvé en même-tems que milord Towshend avait signé ce traité malgré les ordres de la reine. Les communes demanderent qu'il fut puni; mais il était plus important d'abaisser un grand homme devenu trop puissant, que de s'occuper du crime de milord Towshend.

Des commissaires furent nommés pour examiner les comptes publics, et ils ne trouverent pas l'emploi de deux lettres-de-change que les provinces du Nord avait fait payer à Walpole. Il avait reçu aussi beaucoup d'argent d'un juif chargé de fournir les fourages à l'armée de Flandres. Walpole fut constitué prisonnier à la Tour. Il perdit sa place dans la chambre des communes, et fut poursuivi comme coupable de péculat. Il s'est justifié depuis; il n'a prouvé son innocence qu'aux dépens de celle du duc de Marlborough. Il fut démontré que le munitionnaire de l'armée de Flandres donnait tous les ans à ce général six mille livres sterlings; il prenait de plus deux et demi pour cent sur la paie des troupes étrangeres. Quinze mille livres sterlings étaient le produit de ce monopole. On l'accusa de plusieurs autres, et s'il ne fut pas convaincu du brigandage le plus criminel, il fut du moins évident qu'il tirait toute sorte d'avantages de la guerre, et les raisons qu'il donnait pour la persuader eurent moins de poids dans la nation.

Dans la chambre des communes, le parti opposé à la paix fut réduit au silence; mais il était encore le plus nombreux dans la chambre des pairs. C'était dans cette chambre que se tramaient les complots contre les ministres, et les conspirations contre la reine; c'était de-là qu'était sortie depuis peu la proposition de faire déclarer le duc de Marlborough général à vie, et de lui donner une autorité presque sans bornes. On avait inutilement tenté de ramener quelques seigneurs à des vues plus sages. Pour se donner la pluralité des voix dans la Chambre-haute, la cour se servit d'un moyen qu'on n'avait encore employé que rarement. On créa douze pairs nouveaux qui, pour prix de leur dignité, s'engagèrent à soutenir les projets de la cour. Ils prirent séance sans opposition, et si l'on murmura, on n'éclata pas. Ce fut à-peu-près dans le même tems que Saint-Jean fut crée lord, sous le titre de vicomte de Bolingbroke : cette élévation n'était pas une récompense. Le comte d'Oxford depuis long-tems jaloux du vicomte de Bolingbroke, voulut le tirer de la chambre des communes où il était utile à la reine et où il pouvait être dangereux pour les autres ministres. Il lui rendait fréquemment de fort mauvais offices ; dans un mémoire présenté à la reine où le comte fait une sorte d'apologie de son administration, il accuse milord Bolingbroke d'avoir dissipé une partie des fonds destinés à l'entreprise sur Quebec ; il l'accuse de mauvaises intentions contre le ministere et de projets contre lui.

Les plus graves de ces accusations étaient peu fondées, et le comte d'Oxford avoua depuis dans le parlement qu'elles étaient sans preuves.

Milord Bolingbroke sentit, comme il le devait, ces procédés. Il était plus dans son caractere d'offenser que de haïr, et s'il fût obligé de suspendre sa vengeance, il ne dissimula pas son ressentiment. Mais il voulait faire la paix, et n'étant plus inquiété par les Whigs, il se donna tout entier aux négociations.

Les conférences avaient commencé, et les alliés moins fiers à Utrecht qu'à Gertruidemberg, n'étaient pas encore assez justes. Sans égard à ce qu'ils devaient à la nation Anglaise, ils n'avaient pensé qu'à leurs avantages qui ne s'accordaient pas toujours avec ceux de l'Angleterre. Milord Bolingbroke devenu dans le conseil ce qu'il avait été dans le parlement, et secondé du duc de Shrewsburi, parvint à faire prendre à la reine un parti glorieux pour elle, utile aux Anglais, et qui fut le salut de la France. On convint enfin d'une suspension d'armes de deux mois entre la France et l'Angleterre. Pendant l'espace de ces deux mois le roi d'Espagne devait renoncer a la couronne de France pour lui et pour ses descendans; les princes du sang de France devaient renoncer à la couronne d'Epagne; la maison de Savoie était appelée à la succession de cette monarchie, si Philippe V mourait sans enfans; les troupes anglaises devaient entrer dans Dunkerque.

La campagne précédente, milord Marlborough à qui il était défendu d'agir offensivement, avait forcé les lignes de Bouchain et fait le siége de cette place : comme on ne devait pas espérer qu'il serait plus docile, on prit le prétexte des accusations portées contre lui dans la chambre des communes pour lui ôter le commandement de l'armée. Il reçut sa disgrace avec sa fermeté ordinaire. Il écrivit à la reine qu'il la remerciait de lui annoncer par une lettre de sa main qu'elle le privait de ses emplois.

» J'espere, dit-il, qu'on me rendra justice un » jour. Le tems découvrira mon innocence et » les vues de mes ennemis. Votre majesté se » souviendra peut-être que je l'ai servie avec zele » et avec fidélité , quoique j'aie éprouvé beau- » coup de contradictions que je ne méritais pas » d'éprouver. Votre majesté me permet d'entrer » dans son conseil ; je crois ne devoir ni à elle » ni à ma patrie de prendre place dans un conseil » où président les hommes qui vous exposent » aux plus grands dangers Je pense avec toute » la terre que votre union avec la France vous » sera funeste. Cette cour sera toujours opposée » au gouvernement et à la religion de vos » royaumes. Je desire que votre majesté n'ait » plus besoin de mes services et qu'elle trouve » des serviteurs aussi fideles que moi. »

Milord Marlborough que le parlement ne laissa pas tranquille, passa dans les pays étran- gers. Il est honteux qu'on l'ait obligé de payer une partie du bâtiment de Bleinhem , monu- ment de la reconnaissance des Anglais et des services qu'il leur avait rendus. Milord Godolphin mourut à-peu-près dans ce tems. La duchesse de Marlborough parut le regretter. Il a été plus loué après sa mort qu'il n'eut d'éclat pendant sa vie ; et si le comte d'Oxfort et Walpole, ses successeurs, avaient été plus aimés, on n'aurait rien dit de lui.

Cependant le duc d'Ormond avait pris le commandement de l'armée de Flandres, et de concert avec le prince Eugene, il avait assiégé le Quesnoi qui se rendait à discrétion. Les derniers jours du siége il reçut la nouvelle que la suspension d'armes était signée entre la France et l'Angleterre. Il en fit part aux généraux des alliés ; l'empereur et les Etats avaient prévu cet événement ; ils avaient pris des mesures pour s'attacher les troupes allemandes à la solde de l'Angleterre. Ces troupes se vendirent à la Hollande ; elles abandonnerent le duc d'Ormond qui se retira, suivi des troupes anglaises, à Bruges et à Gand, tandis que quelques régimens anglais partis de Douvres s'emparaient de Dunkerque. La désertion des troupes auxiliaires n'inquiéta pas la cour de Londres et n'effraya pas celle de Versailles. On savait que la Hollande gémissant sous un fardeau qu'elle ne pouvait supporter, ne se chargerait pas long-tems d'un poids nouveau; on savait que si l'empereur avait envie d'éloigner la paix, ce n'était pas à ses dépens qu'il voulait faire la guerre.

La reine offensée de la conduite des alliés, fit déclarer aux Hollandais, par l'évêque de Bristol, que puisqu'ils ne voulaient pas entrer dans ses vues ni se concerter avec ses ministres pour terminer la guerre, elle estimait n'être plus à leur égard dans aucune obligation. Ils firent alors des représentations peu mesurées, qu'ils firent imprimer à Londres, et reprocherent à la reine dans cet écrit insolent, qu'elle manquait à ses engagemens et à la reconnaissance qu'elle leur devait.

Dans les conférences d'Utrecht ils avaient demandé avec beaucoup de hauteur de partager le privilege de l'Assiento ; on eut à Londres peu d'égards à leurs plaintes, on fut offensé de leurs prétentions, on prévint leurs desseins, et milord Bolingbroke partit pour la France avec les pleins pouvoirs les plus étendus.

Il fut reçu par Louis XIV comme devait l'être un homme qui venait sauver la France, et par les Français comme un ministre qui leur apportait une paix desirée depuis si long-tems et qu'on n'aurait pas obtenue sans lui. On admira ses lumieres, son esprit et ses agrémens. Il plut et on le respecta. Il discuta d'abord avec le marquis de Torci les intérêts du duc de Savoie. Ce prince ambitieux, peu content que sa maison fût

substituée

substituée à la branche de la maison de Bourbon qui régnait en Espagne ; peu content qu'on lui accordât la Sicile et le titre de roi, demandait encore sur les frontieres du Dauphiné des places qui l'auraient rendu le maître d'entrer en France. Rien ne pouvait déterminer le roi à céder ces places à un souverain peu puissant par lui-même , mais ennemi dangereux quand il est soutenu d'une confédération.

On était en France à la veille d'une minorité, et il fallait moins que jamais livrer à un prince inquiet les défenses d'une frontiere importante. L'esprit du conseil de Londres était de faire une paix solide qui n'exposât aucune nation aux entreprises de ses voisins. Le ministre anglais n'appuya que faiblement les prétentions du duc de Savoie, et se contenta qu'on promît de lui rendre le Pragelas, Exiles et Fenestrelles.

La France avait un allié qui s'était sacrifié pour elle et dont on n'avait pu jamais ébranler la fidélité ; cet allié était l'électeur de Baviere. Le marquis de Torci demandait qu'on rendît à l'électeur ses Etats et son rang. Milord Boling-broke proposait au lieu de ce rang le titre de roi avec l'île de Sardaigne. Il voulait mettre les grandes îles de la Méditerranée sous la domi-nation de petits souverains. Ces Etats maritimes auraient été moins dépendans des maisons de Bourbon et d'Autriche, et plus unis à l'Angleterre dont le commerce les aurait enrichis, et dont les armées navales les auraient intimidés ou protégés. Les intérêts de l'électeur furent renvoyés à la paix générale; mais la reine voulut bien s'engager à faire donner à ce prince une juste satisfaction.

Le ministre anglais exigea toujours que le fils du roi Jacques sortirait de France. On proposa qu'il se retirerait en Lorraine, et sa sœur y consentit; mais une partie de la nation anglaise ne trouvait pas encore ce prince assez éloigné.

Milord Bolingbroke et le marquis de Torci convinrent des cessions que la France devait faire à l'Angleterre dans l'Amérique septentrionale. La France abandonnait Plaisance et l'île de Terre-Neuve. Par les pêches immenses que l'on fait sur les côtes de cette île, elle est devenue l'école des matelots Anglais, une source de richesses et le principal soutien de la puissance maritime de l'Angleterre. La France cédait l'Acadie, contrée abondante en bois de construction, et par sa situation à la bienséance des Anglais; elle cédait le détroit et la baie d'Hudson dont on tire beaucoup de pelleteries. Elle est aujourd'hui une colonie très-peuplée.

Milord demanda long-tems et fortement le cap Breton et Louisbourg; mais les succès du maréchal de Villars avaient donné plus de fermeté aux ministres de France, et les intrigues des alliés et des Whigs qui tendaient à rompre toute négociation, forcerent le ministre Anglais à renoncer à quelques prétentions pour assurer le plus grand bien, la tranquillité publique.

Milord Bolingbroke prolongea quatre mois la suspension d'armes, et retourna en Angleterre. Quand il partit, Louis XIV demanda que la reine voulût bien charger Prior de ses intérêts. Il ne restait à régler que quelques articles de commerce; et la reine laissa près du roi de France un ministre agréable à ce prince et capable de la bien servir.

Quand milord Bolingbroke fut de retour à Londres, on fit partir pour l'Espagne milord Lexington, afin d'y conclure la paix avec Philippe selon les conditions dont on était convenu à Versailles. Le traité fait avec la France fut ratifié à Londres et la reine annonça la paix à son parlement. Dans son discours elle fit un détail des avantages que l'Angleterre obtenait par ce traité; elle fit voir que malgré les procédés indécens des alliés elle n'avait pas abandonné leurs intérêts; qu'elle n'avait fait

la paix qu'à condition qu'on leur rendrait justice, et que surtout son dessein avait été de
rétablir dans l'Europe l'équilibre du pouvoir.

Depuis la mort de l'empereur Joseph, la
balance penchait trop visiblement en faveur de
la maison d'Autriche. On avait craint long-tems
que l'Espagne et la France ne pussent être
quelque jours soumises au même maître. Il était
pour le moins aussi dangereux que l'Empire,
les royaumes de Bohême et de Hongrie, de
grandes provinces d'Allemagne, les Pays-Bas,
le royaume de Naples, les Espagnes et les trésors des Indes ne fussent possédés par un seul
homme.

L'archiduc Charles, successeur de Joseph à
l'Empire, allait réunir tant d'Etats et de puissance, si la reine Anne n'eût fait la paix. Le
Portugal, la Savoie et d'autres alliés avaient partagé les craintes de cette princesse et approuvé
sa prudence. Les seuls Hollandais, pour quelques
espérances chimériques, avaient oublié ce qu'ils
devaient à l'Angleterre et à l'Europe, et restaient unis avec la maison d'Autriche. Le parlement remercia la reine d'avoir conclu la paix
si à propos, et cette paix dans ce moment fut
approuvée de la plus saine partie de la nation.

La reine donna l'Ordre de la Jarretiere à six

seigneurs qu'on n'aurait pas dû préférer à milord Bolingbroke. Il devait s'attendre qu'il serait nommé à l'ambassade de France. Il souhaitait, il demandait cet honneur qui fut obtenu par le duc d'Hamilton, seigneur Écossais, suspect de jacobitisme. Ce duc ayant été tué en duel par le comte de Mohun, le duc de Shrewsburi fut destiné à le remplacer. On voulut faire cesser le mécontentement de milord Bolingbroke en le nommant lord commandant du comté d'Essex; mais de grands bienfaits ne réparent pas toujours de grandes injustices, et milord Bolingbroke, sensible à la bonté de la reine, n'en eut que plus de ressentiment contre le comte d'Oxford; et par la différence de leurs opinions en matiere de gouvernement, ils eurent de nouveaux sujets de se haïr et de nouvelles occasions de se détruire.

Le comte ayant perdu depuis long-tems la confiance des Toris, parce qu'il avait voulu se rapprocher des Whigs, avait imaginé, pour rétablir son crédit dans la nation, de reconcilier les partis. Ce dessein, grand et sage dans un autre tems, n'était alors que chimérique : il y avait trop de fureur dans ces partis pour se flatter de les réunir ; les Whigs s'étaient trop accoutumés à leur crédit pour pardonner leur

disgrace ; les Toris avaient gémi trop long-tems
sous l'autorité des Whigs pour ne pas aimer à
jouir de leur humiliation. Le comte d'Oxford
avait employé tant d'artifices contre les Whigs,
qu'il en était devenu l'horreur ; les Toris ne
pardonnaient pas à ce comte les graces qu'il fesait
répandre sur les Whigs, et ce qu'il accordait à
ceux-ci ne leur fesait pas oublier ce qu'il leur
avait ôté. Il avait cependant contribué beaucoup à maintenir leur puissance par l'établissement d'une compagnie qui devait seule avoir le
commerce du Sud : le produit de ce commerce
devait être employé à payer le capital des
dettes de l'État, dont les intérêts devaient être
payés par des subsides que le parlement accordait à la compagnie. On devait, en la formant,
y faire entrer par préférence ceux à qui la nation devait le plus d'argent. Quiconque avait
des fonds considérables sur l'État, intéressé à
la durée de la guerre, parce qu'il craignait un
remboursement à la paix, était, comme je l'ai
dit, devenu Whig depuis long-tems. Ce parti
se trouva donc à la tête de la compagnie du
Sud, qui eut d'abord le plus grand crédit. On
en abusa depuis, et les mêmes fautes eurent
en Angleterre, sous le regne de George premier, les mêmes effets qu'elles ont eu en France

pendant la minorité du roi. Dans les premiers momens de cet établissement , il parut qu'il rendait les Whigs maîtres du commerce le plus avantageux de l'Angleterre , et de la fortune d'un grand nombre de citoyens ; la distinction des citoyens riches en fonds de terre et des citoyens rentiers de l'État , s'établissait de plus en plus ; les premiers étaient volontiers du nombre des Toris , et les derniers du parti des Whigs ; les Toris accusaient le comte d'Oxford de peu d'habileté ou de perfidie ; les Whigs crurent n'obtenir rien parce qu'ils n'obtenaient pas tout , et l'administration du comte devint odieuse à toute la nation.

Milord Bolingbroke connaissait que le parti des Whigs était moins intéressé à délivrer la nation de ses dettes , qui fesaient leur opulence , et de ses impôts qui n'accablaient que les négocians et les citoyens dont les biens étaient en fonds de terre ; il croyait aussi que ce parti , trop maître de la circulation , pouvait se rendre nécessaire au gouvernement , qui , nécessaire à son tour aux Whigs , dont une opération de finance pouvait renverser les fortunes , se servirait d'eux peut-être pour augmenter trop son autorité ; il était persuadé que les Whigs ne connaissaient point les vrais intérêts de la nation qui doit prendre peu de part aux guerres du continent, et seulement quand la balance de l'Europe est dans le plus grand danger. Il voulait donc qu'on travaillât sans relâche à l'abaissement des Whigs, qu'on s'occupât de payer les dettes de l'Etat, sans rendre les Whigs maîtres des moyens d'acquitter l'Etat, qu'on leur ôtât le plus d'emplois qu'il serait possible, qu'on ne nommât aucun d'eux aux évêchés, parce qu'ils étaient censés n'être pas assez attachés à l'Eglise, et qu'enfin ils n'eussent plus aucune part au gouvernement.

Il lui paraissait que les Toris, composés de conformistes, de chefs des manufactures, et de citoyens riches en fonds de terre, devaient par leurs principes et par l'intérêt de leurs fortunes, être zélés pour la constitution de l'Etat, et attentifs à la maintenir, comme à maintenir la paix. Il regardait les Toris comme le parti de la patrie, et les Whigs comme un parti dont les rois seraient ou les instrumens ou les ennemis. Le duc de Shrewsburi et milord Harcourt pensaient comme milord Bolingbroke, et ils proposerent à la reine un plan d'administration. Ils lui firent sentir la nécessité d'exclure du conseil le comte d'Oxford, qui, craignant également les Whigs et

les Toris, était redouté des uns et des autres ;
ils lui firent sentir que les desseins du comte
ne pouvaient réussir, que les partis ne pouvaient se rapprocher, puisqu'il était impossible de leur donner des intérêts communs, et
que le comte, par ses ménagemens, ses craintes
et ses faiblesses, n'avait que trop retardé la chûte
nécessaire d'un parti toujours dangereux pour
l'Église et pour la constitution de l'État.

La reine protégea long-tems le grand trésorier qui venait d'épouser madame Masham,
qu'Anne craignait toujours d'affliger. Elle devait à ce ministre ces loteries qui avaient pourvu
au besoin de la guerre ; il avait rendu beaucoup d'autres services, et cette princesse, ennemie du changement et du travail, n'aspirait
qu'à jouir en paix du reste de ses jours ; elle
voulut inutilement reconcilier ses ministres. Le
docteur Swift, ami du comte d'Oxford et de
milord Bolingbroke, travailla long-tems à les
réunir ; il ne put les engager à se pardonner et
à penser l'un comme l'autre. Enfin, la reine,
persuadée par le duc de Shrewsburi et par milord Harcourt, ôta la charge de grand-tréso-
rier au comte d'Oxford, et la donna au duc de
Shrewsburi. La santé de cette princesse s'affaiblissait de plus en plus, et on prétend qu'elle

sentit si vivement le chagrin qu'elle donnait à son amie, que ce chagrin abrégea ses jours.

Le comte d'Oxford ne parut pas même affligé de perdre une si belle place ; il se retira sans se plaindre, et jouit de son goût pour les arts et de l'amitié de quelques hommes de lettres qui ne l'abandonnerent pas dans sa disgrace. Pope aimait le comte, et ne l'avait jamais loué tant qu'il avait été ministre ; il le combla d'éloges quand il ne fut plus que citoyen. Dans l'épître qu'il lui adresse quelque tems après sa retraite, il le félicite d'être délivré des inquiétudes et des flatteurs. Cette épître est remplie de sentimens nobles et touchans ; c'est un des plus aimables ouvrages de ce grand poëte.

La reine était mourante ; elle recommanda au duc de Shrewsburi de se servir de la place qu'elle lui avait donnée pour le bonheur de ses peuples. En perdant la vie, elle semblait ne regretter que ses amis qu'elle laissait exposés à la vengeance des Whigs. On prétend que dans ses derniers momens elle répéta plus d'une fois : *O mon cher frere, que je vous plains !* Elle mourut le 1er d'août 1714. Peu de souverains ont senti comme elle le plaisir de faire du bien et les charmes de l'amitié. A peine fut-elle morte, que la duchesse de Marlborough lui fit ériger une statue dans les jardins de Bleinheim. Le piédestal de la statue est couvert d'une longue inscription qui contient un magnifique éloge de la reine.

Milord Bolingbroke n'avait pas eu le tems de faire dans le gouvernement tous les changemens qu'il méditait. On avait découvert ses desseins, et on ne les lui pardonnait pas. Son caractere altier et impétueux lui avait fait beaucoup d'ennemis, même dans son parti. Il n'eut jamais l'art de ménager l'envie, et quelquefois il humiliait ses amis comme ses ennemis; aussi eut-il bientôt à se plaindre des uns et des autres.

Le comte d'Oxford avait fait un tort irréparable aux Toris en ménageant les Whigs, et ceux-ci qui pouvaient être anéantis, si l'on avait profité de la fermentation du peuple, restaient encore le parti le plus riche et le plus puissant à la mort de la reine. Ils affecterent pour la maison d'Hanovre un zele qui leur était utile et une fausse frayeur à l'occasion du prétendant.

Walpole proposa un bill par lequel on devait augmenter la paie des troupes hanovriennes et mettre à prix la tête du prétendant. Il s'étendit

beaucoup sur le danger où était l'ordre de la succession. Cependant l'électeur d'Hanovre venait
d'être proclamé sans obstacles, et le fils de
Jacques second n'avait eu pour lui personne
qui eût fait entendre sa voix.

En attendant l'arrivée du roi, le conseil de
régence fut établi, non pas selon le réglement
de 1707 : ce fut le roi qui nomma les régens.
Milord Bolingbroke était bien informé que
Georges Ier avait donné aux Whigs toute sa
confiance. Les subsides que l'Angleterre lui
avait accordés pendant la guerre avaient fait
desirer à ce prince qu'on la continuât, et la paix
l'avait indisposé contre les Toris. D'ailleurs on
lui avait persuadé que leur dessein était d'élever
sur le trône le frere de la reine. Milord Bolingbroke s'attendait que les Toris seraient incessamment les victimes de la vengeance des Whigs.
Il savait qu'à la cour d'Hanovre on le chargeait
des prétendus crimes de ses amis ; il savait que
les Whigs n'attendaient que le moment de le
faire punir de la paix qui sans lui n'aurait pas
été conclue ; il savait qu'on n'ignorait pas qu'il
avait été chargé des négociations et des intrigues
les plus importantes, qu'il avait contribué plus
que personne à changer le parlement, qu'il avait
eu part aux changemens du ministere, qu'il

avait éludé les artifices des alliés et amené les Français à recevoir les conditions qu'il leur avait proposées ; il savait qu'on lui faisait un crime de n'avoir pas proposé d'autres conditions. Il n'avait conservé avec les Whigs aucune liaison qui pût lui être utile. Il attendait l'orage avec tranquillité, bien sûr de n'employer pour le détourner aucun moyen qui ne fût digne de lui.

Le célebre auteur du *Spectateur*, Adisson, Whig fidele, mais modéré, fut nommé d'abord secrétaire de la régence, et les régens donnerent ordre de lui remettre toutes les lettres adressées aux secrétaires d'Etat : ainsi deux jours après la mort de la reine, milord Bolingbroke se vit ôter les fonctions de son emploi. Adisson qui l'exerçait, sans en avoir le titre, s'était distingué dans sa jeunesse par des vers latins aussi beaux que peuvent l'être aujourd'hui des vers dans cette langue ; il fit un poëme anglais sur la prise de Namur par Guillaume III. Cet ouvrage le fit connaître de milord Sommers, alors chancelier, qui lui trouva de la pédanterie et de l'austérité, mais qui lui fit donner pourtant une pension de trois cent guinées, et l'envoya en France et en Italie pour s'instruire et se former le goût.

L'Italie moderne ne fut pour Adisson que la patrie des plus grands hommes de l'antiquité, et sans s'embarrasser d'étudier les Italiens, il allait reconnaître les traces des Romains. C'est à son voyage qu'on doit l'intelligence de beaucoup de passages de Virgile et d'Horace qu'on avait jusqu'alors mal entendus. Il fit un petit *Traité sur les Médailles* et inspira ce goût aux Anglais. A son retour il fit le fameux poëme sur la bataille d'Hochsted, et il fut nommé commissaire du commerce, charge qu'avait possédée l'illustre Locke. Il fit ensuite l'opéra de *Roemonde*, sur le modele de nos opéras. Les Anglais ont senti depuis, que leur langue n'était pas faite pour le chant, et n'ont plus que des opéras italiens.

En 1709, Adisson fut fait secrétaire d'Irlande. C'est là qu'il commença le *Spectateur*. Sa tragédie de *Caton* fut jouée en 1713. Son parti alors en disgrace crut se reconnaître dans le sénat d'Utique, et les craintes qu'on voulait avoir du prétendant rendirent plus touchans les différens éloges de la liberté dont cette tragédie est remplie ; elle eut un succès étonnant. La reine souhaita qu'elle lui fût dédiée ; mais l'auteur avait destiné cet hommage à un de ses amis, et ne dédia point *Caton* à la reine.

A la mort de cette princesse les Whigs furent empressés et flattés de contribuer à l'élévation d'Adisson, et de secrétaire de la régence il devint bientôt secrétaire d'Etat. Dans les différens emplois qu'il a exercés, il s'est toujours distingué par une probité scrupuleuse. Il était humain, mais faible, timide et avide de louanges ; il aimait trop ses admirateurs. Il protégeait, éclairait et encourageait Pope encore jeune ; mais il eut du chagrin de se voir surpasser par ce poëte philosophe dont la gloire éclypsa la sienne.

Quelques jours après le dégoût que venait d'essuyer milord Bolingbroke, sa disgrace fut confirmée, et Murrai, qui arrivait d'Hanovre, lui apporta l'ordre de remettre les sceaux. Il les remit en disant qu'il était prêt à rendre compte au roi et à la nation. Le comte de Mar et Bromley, secrétaire d'Etat, furent déposés en même tems. Milord Towshend, le général Stanhope et le duc de Montross, tous amis du duc de Marlborough, furent nommés secrétaires d'Etat.

Le roi à son arrivée forma un parlement nouveau, et les Toris n'eurent pas, à beaucoup près, la pluralité dans les élections. Ils se conduisirent également mal dans l'intérieur du royaume et avec la cour. Ils suivirent leurs passions sans desseins ; ils parurent se soumettre à regret au nouveau gouvernement : de vaines déclamations , d'imprudentes démonstrations de fureur , de la défiance les uns envers les autres , beaucoup d'humeur , voilà ce qu'on put remarquer dans leur conduite. Les Whigs agirent contre eux plus sensément , plus unis et avec d'autant moins de ménagement qu'en servant leur ressentiment ils avaient l'air de servir la cour.

Le roi changea entiérement son conseil , et le conseil nouveau devint en quelque sorte un tribunal d'inquisition : les ministres chercherent à donner quelque réalité à des crimes imaginaires ; les papiers de la reine Anne furent examinés ; on livra ses lettres particulieres à l'indécente curiosité d'hommes prévenus. Les papiers des anciens ministres furent saisis , et on n'y trouva pas de preuves qui rendissent ces ministres coupables; mais le public ignorait ce qu'on avait découvert, et voyait la cour et le parlement se disposer à punir. On répandait que l'Angleterre avait été vendue à la France , à l'Espagne , au prétendant. Ce prince imprudent et trompé par ses amis , se vantait lui-même d'avoir un parti nombreux en Angleterre , et ses discours n'étaient pas ignorés à Londres.

Cependant

Cependant le nouveau parlement allait s'assembler ; on s'attendait qu'il serait fertile en
scenes intéressantes ; jamais les partis n'avaient
été plus animés ; ils dégéneraient en factions ; ils
avaient éprouvé l'un et l'autre cette alternative
de bons et de mauvais succès qui entretient la
crainte et l'espérance et ajoute à la haine.

L'Europe avait les yeux ouverts sur les déli-
bérations de cette assemblée, et il y avait peu
de ses membres qui n'eussent un ennemi à poursuivre ou un ami à défendre, qui n'eussent à
craindre ou à se venger , qui ne voulussent
accuser ou ne fussent forcés de se justifier.

A l'ouverture du parlement, le roi dit aux
chambres, qu'il remerciait ses sujets du zele
qu'ils avaient fait paraître pour maintenir la succession au trône dans la branche protestante, et
du courage avec lequel ils avaient défendu cette
loi de l'Etat contre les entreprises découvertes
et secrettes de ses ennemis ; qu'il aurait été à
desirer qu'après avoir fait une guerre si longue
avec tant de sagesse et de valeur , on l'eût ter-
minée par une paix solide ; mais qu'il ne pouvait cacher à ses sujets qu'on avait négligé les
intérêts de leur commerce ; que plusieurs des
conditions de la paix n'étaient pas encore exé-
cutées, et que si la couronne ne formait pas

des alliances puissantes , elle serait obligée de demander comme grace , et peut-être sans l'obtenir , ce qu'elle devait exiger et obtenir comme justice.

Il avertissait que le séjour du prétendant en Lorraine était d'autant plus dangereux que l'Etat renfermait dans son sein des citoyens qui flattaient ce prince de vaines espérances ; il finissait son discours par prier les chambres de ne point se livrer à l'esprit de parti , et de ne point prêter l'oreille à des insinuations dangereuses ; enfin il les exhortait à s'unir avec lui pour travailler de concert au bonheur et à la gloire de la nation, et à prévenir les desseins de quelques Anglais qui voudraient lui ravir le bien le plus cher à son cœur , le cœur de ses peuples.

Les chambres préparerent un discours pour remercier le roi de la justice qu'il rendait au zele et à l'attachement de ses sujets. Dans ce discours on inséra qu'en recouvrant sa gloire chez les étrangers , l'Angleterre prouverait que les fautes qui avaient diminué cette gloire , n'étaient pas les fautes de la nation. Plusieurs seigneurs reprirent ces expressions qui tendaient à flétrir la mémoire de la reine et son ministere. Milord Bolingbroke dit qu'on devait retrancher ces paroles , non-seulement comme injurieuses à

la reine ; mais pour se conformer aux volontés
du roi , qui recommandait d'éviter ce qui pouvait augmenter la haine des partis.

» Je proteste , dit-il , que je vois avec la plus
» vive douleur manquer de respect à la mémoire
» d'une princesse qui me sera toujours chere et
» qui doit l'être à la nation. Je ferai tout ce qui
» est en mon pouvoir pour la venger de cet
» attentat. J'ai eu l'honneur d'être un de ses
» serviteurs ; si j'ai fait des fautes , il faut m'en
» punir ; mais il est cruel d'être censuré et même
» condamné sans avoir été examiné. Le roi a
» toujours paru pénétré d'amitié et de recon-
» naissance pour la reine. Un prince aussi juste
» et aussi sage ne décidera pas que personne
» soit coupable sans avoir écouté sa justifica-
» tion , et le parlement doit imiter le roi. »

Ce discours déplut aux deux chambres, on
le trouva peu mesuré et peu respectueux. Le
chancelier répondit qu'on n'accusait personne
en particulier ; que les communes devaient avoir
la liberté de blâmer une paix dont les suites
pouvaient être funestes , et les expressions dont
on s'était plaint ne furent point changées.

On se préparait à citer au parlement milord
Bolingbroke comme coupable de haute trahison.
Milord Marlborough qui n'approuvait pas toutes

les violences des Whigs et qui avait toujours estimé milord Bolingbroke, le fit avertir que sa vie même pouvait être en danger; mais ce ne fut pas cet avis qui lui fit prendre le parti de quitter l'Angleterre. La fureur du nouveau parlement aurait pu ne pas aller aussi loin que le pensait le duc de Marlborough. Des hommes animés par leurs ressentimens peuvent accuser d'être coupables ceux qu'ils déclareraient inno-cens, s'ils avaient à les juger.

Milord Bolingbroke prévit qu'il allait être enfermé à la Tour, et que tant que durerait sa captivité il serait inutile à sa patrie. Il sentit que sa cause allait être commune avec celle du comte d'Oxford qu'il haïssait justement et avec lequel il craignait d'être confondu, parce qu'il ne l'es-timait pas; il prévit que malgré son innocence il serait réduit à demander grace à ses ennemis; d'ailleurs la vue de leur état et du sien l'humi-liait. Il n'était pas dans son caractere actif et haut, de pouvoir, sans en souffrir beaucoup, ramper inutile dans un pays dont quelques jours auparavant il avait fait la destinée. Il se retira donc en France dans le dessein d'y faire plus librement le même usage de ses talens, c'est-à-dire, de présider à la conduite de ses amis et d'éclairer sa nation. Il écrivit à milord Lants-

down qu'il partait, bien informé que la résolution avait été prise de lui faire porter sa tête
sur un échafaud.

» Mon sang, dit-il, aurait cimenté une alliance
» nouvelle, et mon innocence ne m'aurait pas
» sauvé. Je défie mes plus irréconciliables enne-
» mis de produire de ma part des correspon-
» dances criminelles et de donner la preuve la plus
» légere que j'aie pu me laisser corrompre. Si
» l'excès de mon zele pour l'honneur et la dignité
» de la reine m'a inspiré quelques expressions
» peu mesurées, on devait leur donner un sens
» favorable. Quel que soit le jugement qu'on va
» porter de mes actions et de mes discours,
» j'aurai la consolation d'avoir servi, comme
» je le devais, la reine et ma patrie. J'ai fait
» cesser une guerre sanglante et ruineuse. Je
» suis trop véritablement Anglais pour avoir
» consenti jamais à sacrifier le bonheur de ma
» nation à l'intérêt des alliés. Voilà le crime qui
» me fait perdre aujourd'hui le droit de citoyen. »

A son arrivée en France milord Bolingbroke
trouva qu'on n'avait pas de justes idées de l'état
actuel des royaumes de la Grande-Bretagne.
On y était persuadé que la plus grande partie
de ces royaumes allait se soulever en faveur

du prétendant; on désignait les chefs de conspirations supposées; on citait les noms de ceux
qui avaient rendu des services aux Jacobites;
on spécifiait les engagemens mutuels qui
étaient entre le prétendant et ses amis; et on
ne doutait pas que milord Bolingbroke ne vînt
en France pour concerter avec le chevalier de
Saint-Georges les moyens de le placer incessamment sur le trône. Il vit que les Jacobites
se faisaient des illusions et qu'ils étaient trompés
par un grand nombre d'Anglais qu'on n'aurait
pas soupçonnés d'être d'intelligence avec eux;
il essaya de dissiper ces illusions et de faire
connaître que le chevalier de Saint-Georges
n'avait point de parti en Angleterre, quoiqu'il
y eût des partisans; il assura qu'ils ne s'uniraient
pas, et que leur nombre n'augmenterait jamais
si les Whigs ne portaient pas trop loin leurs
vengeances et leur nouveau crédit. On le pressa
d'entrer dans les vues et les intérêts du prétendant et il reçut de ce prince une lettre par
laquelle il le priait de venir le trouver en Lorraine.
Il répondit qu'il suivrait la fortune de son parti,
que des amis qu'il avait laissés en Angleterre
pouvaient seuls le déterminer à prendre des
engagemens, et qu'il ne pouvait se résoudre à

faire le voyage qu'on lui proposait. Il évita même avec soin de donner de sa conduite des soupçons qui auraient pu nuire à ses amis.

Il vit à Paris le comte de Stairs, ambassadeur d'Angleterre; il l'assura de son attachement au roi Georges, de son zele et de son respect pour ce prince. Il écrivit au général Stanhope une lettre dans laquelle il exprimait les mêmes sentimens, et il y proteste que ses sentimens lui sont communs avec les Toris. Il ne tarda pas à s'éloigner de Paris où se tramaient les complots des Jacobites, et il prit le parti de se retirer à Vienne en Dauphiné.

Une conduite si sage n'arrêta en Angleterre ni les calomnies de ses ennemis ni les persécutions du gouvernement. On fit même usage de sa lettre à Stanhope pour le rendre suspect aux Toris.

Au commencement d'avril les fureurs des Whigs contre les Toris éclaterent dans le parlement; ils accablerent leurs rivaux de leur supériorité, et ceux-ci purent à peine se défendre. Le chevalier Whindham osa presque seul leur parler en faveur de l'ancien ministere; il en fut reprimandé par la chambre des communes dont il aurait été exclu sans Walpole, qui voulait, disait-il, y laisser un ami des anciens ministres qui pût être témoin de la justice avec laquelle ils seraient traités.

Walpole fut mis à la tête d'un comité chargé d'examiner les papiers de la reine et de ses ministres. Le comte d'Oxford, le vicomte de Bolingbroke et le duc d'Ormond furent accusés de haute trahison pour avoir fait faire la paix. Le comte d'Oxford parla en sa défense et quoiqu'il souffrît beaucoup d'une attaque de gravelle, il prononça lui-même son apologie. Le discours noble et pathétique d'un vieillard qui avait été si long-tems à la tête des affaires, n'attendrit point ses ennemis. Il fut arrêté et conduit à la Tour où il resta long-tems, et ses juges n'ayant pu le trouver coupable, il obtint sa liberté.

Milord Bolingbroke n'ayant pas comparu, et personne n'ayant pris sa défense, fut condamné pour avoir trahi l'Etat et entretenu des intelligences avec le prétendant, à perdre son rang, sa dignité de pair du royaume, à l'exil et à payer une amende de deux mille cinq cents livres sterlings. Le rapport du comité, ouvrage de Walpole, est fait avec l'art le plus odieux pour trouver des crimes à des innocens, et cependant la lecture de ce rapport suffit à tout lecteur impartial pour lui prouver l'innocence des ministres condamnés. Le duc d'Ormond qui crut depuis devoir imiter la retraite de milord Bolingbroke et chercher un asyle en France, fut aussi dégradé de son rang, et ses biens furent confisqués.

Milord Bolingbroke fut près d'un an à Vienne où l'étude des sciences et le goût des belles-lettres le consolaient de ses disgraces. Il était toujours occupé de ce qui se passait en Angleterre, mais on n'osait entretenir avec lui une correspondance qui, à la cour de Londres, aurait passé pour un crime d'Etat. Eloigné de ses amis, il eut rarement la consolation d'être instruit de leurs peines et de leurs espérances; il leur fit pourtant savoir que nul événement ne pouvait le détacher d'eux. Il leur envoya un homme de confiance qui fut de retour à Vienne au mois de juin 1715, et qui lui apprit le véritable état de sa nation.

L'Ecosse n'attendait que le moment de se révolter; le projet était bien concerté, conduit avec beaucoup de mystere et sur le point d'être exécuté. Il y avait eu d'abord en Angleterre plus de murmures que de desseins; les Toris avaient répandu de la défiance contre un roi luthérien, et différens actes du parlement, en faveur des non-conformistes, avaient allarmé l'église. Il était par conséquent facile d'engager le peuple à sortir des bornes de son devoir. Les Toris, opprimés de plus en plus, devenaient insensiblement Jacobites ; dans l'armée beaucoup d'officiers et la plupart des soldats étaient prêts à donner leur vie pour rétablir sur le trône le sang de leurs anciens maîtres ; Londres n'était pas plus fidele que les provinces au nouveau gouvernement. Les Toris se confiaient au duc d'Ormond qui était devenu l'homme le plus cher aux mécontens ; ils étaient fort étonnés que dans ces circonstances milord Bolingbroke restât tranquille. Ils lui firent représenter par son envoyé qu'il était honteux et même dangereux pour lui de ne prendre aucune part à la révolution qui se préparait, et ils exigeaient de lui qu'il se rendît auprès du chevalier de Saint-Georges pour l'aider de ses conseils. L'envoyé de milord Bolingbroke lui remit une lettre du chevalier qui l'invitait à venir incessamment à Bar-le-Duc. Les Toris avaient écrit à ce prince qu'ils le suppliaient d'employer le ministre de la reine Anne. Milord fit beaucoup de questions à son envoyé sur les moyens, les projets, les chefs du parti. On lui répondit que l'extrême secret qu'on gardait en Angleterre ne permettait pas qu'on fût instruit de tout ce

qu'il voulait savoir. L'état de sa santé le retint
à Vienne quelques jours pendant lesquels il
réfléchit sur ce qu'il avait à faire. Il eut d'abord
de la peine à entrer dans les desseins des Toris.
Il pensait qu'il n'était pas de l'intérêt de l'Angleterre qu'elle fût gouvernée par un roi dont la
religion était odieuse à ses sujets, et que les
Anglais ne respecteraient pas assez un prince
dont ils mépriseraient les opinions. Un Jacobite
en louant le prétendant avec plus de zele que
d'adresse, avait surtout vanté son attachement
à l'église romaine. Quelques personnes qui
avaient vécu avec ce prince dirent à milord que
tant que le prétendant avait eu un asyle chez des
princes catholiques dont il espérait des secours,
il n'avait pas été de sa prudence de laisser croire
qu'il pût changer de religion ; mais que si jamais
il était affermi sur le trône d'Angleterre, il prendrait aisément la religion de son peuple.

Milord ayant balancé les dangers du parti
qu'il allait prendre, avec ce qu'il devait à des
amis opprimés et ce qu'il se devait à lui-même,
se rendit à Bar-le-Duc : là il fut bientôt convaincu que le prétendant était conduit et trompé
par un conseil peu digne de conduire un prince.
Il ne parlait que de son départ pour l'Angleterre et ne disait rien des mesures qu'il avait

prises. Les lettres de Londres le flattaient d'un succès assuré, et ne disaient pas ce qui assurerait le succès.

Dans le détail des forces du parti on voyait de grands noms et de faibles moyens, beaucoup de promesses et point d'engagemens. Peu de ces promesses étaient directes, et la plupart étaient parvenues au prétendant par des hommes qui n'étaient pas dignes de foi. La plupart des Anglais qui l'exhortaient à partir étaient de ces hommes à qui une mauvaise fortune inspire toujours de mauvais conseils.

Du moment que le duc d'Ormond s'était engagé avec le prétendant, il en avait reçu des pleins pouvoirs qui l'autorisaient à tout ce qu'il voudrait faire, et ce seigneur était chargé de conduire en Angleterre les affaires du parti. Cependant les Toris et le prétendant n'avaient encore aucun traité et ne savaient pas à quels points et à quelles conditions ils étaient liés d'intérêts. Il n'y avait pas même entr'eux une correspondance établie. Le duc d'Ormond seulement avait demandé, au nom des Toris, quelques troupes, de l'argent et des armes. On devait croire du moins qu'en attendant ce secours, les Toris se tiendraient unis, qu'ils se borneraient à entretenir la fureur du peuple contre le gouvernement , et qu'ils éviteraient de lui faire prendre la moindre allarme. C'est le conseil que leur donnait Bolingbroke.

Les Ecossais pressaient depuis long-tems le prétendant de venir se mettre à leur tête. Ils semblaient être sûrs de pouvoir seuls le placer sur le trône , et craindre de partager l'honneur de la révolution. Milord Bolingbroke connaissait trop leur faiblesse pour penser qu'il dussent agir tant que les Toris resteraient dans l'inaction ; il dit au maréchal de Barwick qu'il fallait , avant tout , se rendre le roi de France favorable. Il voulait que l'on convînt avec les Toris du nombre de troupes et de la quantité d'armes et d'argent qu'ils exigeaient ; il voulait que l'on déterminât le moment de se déclarer , et qu'on marquât précisément les lieux où l'on devait commencer d'agir ; il démontrait que le succès de l'entreprise dépendait du concert des Toris , des Ecossais et de la France.

Le prétendant fut de l'avis de milord Bolingbroke , et le fit partir pour Versailles où il devait solliciter des secours , mais auparavant il le nomma secrétaire d'Etat. Milord accepta cette charge à condition qu'il la résignerait aussitôt que leur projet aurait réussi ou serait échoué. Il arriva à Paris à la fin de juillet 1715, il y trouva une multitude d'intrigans qui travaillaient, chacun selon ses vues particulieres, à ce qu'ils appelaient la cause commune. Il n'y avait entr'eux ni ordre, ni subordination, ni concert ; tous étaient persuadés que l'entreprise était infaillible, et déjà s'attribuaient la gloire du succès. Un léger tumulte dans quelques cafés de Londres, les querelles nocturnes de quelques jeunes gens, les insultes faites par le peuple à quelques églises non-conformistes, étaient pour eux les présages assurés d'une révolution. On lisait dans les yeux de tous les Irlandais l'inquiétude et l'espérance ; la plupart ne prétendaient qu'à paraître occupés. Quiconque parmi eux savait écrire, écrivait et recevait des lettres ; les autres écoutaient avec un air d'importance et parlaient avec précaution. Tous les sexes, tous les âges, tous les états prenaient part à cette grande affaire.

Milord Bolingbroke vit par les lettres d'Angleterre qu'il n'y régnait pas plus de bon sens et d'habileté parmi les principaux partisans des Stuarts. Leurs correspondances avec les Jacobites s'étaient établies et se soutenaient par la vanité et la crédulité des uns et des autres.

Milord était embarrassé et honteux de prendre part à leurs légeretés et à leurs fausses démarches, lorsqu'il reçut enfin d'Angleterre un mémoire

détaillé et tel qu'il en attendait un depuis long-
tems. Il y était dit qu'il ne fallait pas se flatter
de réussir, si la plus grande partie du peuple
ne se soulevait lorsque le prétendant ferait sa
descente; on y disait qu'il ne fallait pas espérer
ce soulevement, si le prince n'arrivait accompagné d'un bon nombre de troupes réglées et
pourvues de munitions et d'argent. On l'avertissait que s'il tentait l'entreprise sans ces moyens,
il exposait ses amis et la liberté des Anglais; on
y ajoutait que si le prétendant ne pouvait compter
sur des troupes françaises, et que cependant il
voulût entreprendre, il ne devait pas s'embar-
quer avant la fin du mois de septembre, ni différer
son embarquement au-delà de ce terme. Alors
on exigeait qu'il apportât au moins de quoi
armer trente mille hommes, un train d'artillerie,
cinq cents officiers et des sommes considérables.
Aussi-tôt que ce prince aurait rassemblé ces
moyens, il devait en avertir le comte de Mar,
et concerter avec lui et avec le duc d'Ormond
le lieu et le moment de la descente.

Milord Bolingbroke pensa d'abord à faire
usage de ce mémoire; il pouvait désormais
montrer aux ministres de France un projet réel,
et leur prouver que si la révolution n'était pas
facile, elle était du moins possible. Il comptait

sur le caractere du roi de France qui aimait le prétendant et qui était capable d'épouser ses intérêts avec chaleur. Mais Louis XIV était menacé d'une mort prochaine. Ses ministres qui prévoyaient une minorité ne pensaient pas qu'on dût rompre avec l'Angleterre ; et la France devait paraître aux yeux de l'Europe respecter la paix qu'elle venait de signer.

Il est vrai que les ministres anglais et le parlement exigeaient avec tant de hauteur l'exécution de tous les articles du traité, ils laissaient voir tant d'aversion pour la France, qu'on pouvait bien, sans manquer à la prudence ni à la bonne foi, favoriser en secret leurs ennemis. C'est ce que pensa Louis XIV ; il ne voulut point agir ouvertement, il fit équiper en secret un vaisseau de guerre, il donna de faibles secours, il en promit de plus grands et en fit espérer de l'Espagne ; mais il mourut. Sa mort fut un coup terrible pour les amis du prétendant, et le zele des Jacobites de France s'éteignit à l'arrivée du duc d'Ormond ; ils avaient eu pour lui beaucoup de considération, tandis qu'il était resté en Angleterre ; ils étaient persuadés qu'il disposerait à son gré des troupes, et que les peuples se rangeraient en foule sous ses drapeaux dès qu'il les aurait déployés ; mais quand ils

le

le virent arriver seul et sans suite , on ne put leur persuader qu'un homme forcé d'abandonner sa patrie , y eût un grand crédit , et ils perdirent leurs espérances avec plus de raison qu'ils ne les avaient conçues.

Jusqu'à ce moment on avait respecté en France la puissance des Toris , mais alors ils n'inspiraient aux Jacobites de Paris que du mépris ou de la compassion.

Milord Bolingbroke vit bientôt que Louis XIV n'avait pas transmis au duc d'Orléans son amitié pour le prétendant. Il y avait long-tems que le duc d'Orléans et le roi Georges avaient pris des engagemens mutuels pour se garantir l'un la régence ou même la couronne de France en cas d'événement, et l'autre la couronne d'An- gleterre. Louis XV pouvait mourir , et le roi d'Espagne aurait fait valoir ses droits. Ainsi le régent avait un intérêt personnel à se ménager la protection de l'Angleterre ; l'état d'épuise- ment où était la France , faisait confondre cet intérêt personnel dans celui de la nation. Le régent reçut froidement milord Bolingbroke ; plusieurs ministres l'évitaient , d'autres vou- laient le tromper, et il fut partout ou refusé ou amusé de vaines promesses.

Le duc d'Ormond crut avoir trouvé le moyen

Tome V.   K

d'être admis dans la familiarité du régent, et peut-être de changer les dispositions de ce prince. Une demoiselle anglaise , nommée Trant , était venue autrefois à Paris pour entrer dans l'Ordre des Carmelites ; elle y avait bientôt perdu sa vocation , et depuis elle était retournée en Angleterre, chargée , à ce qu'on croit, de négocier pour le prétendant.

A la mort de la reine elle revint en France , et quel qu'ait été le motif de son voyage , il est certain qu'elle revint de Londres avec une assez belle femme qu'elle fit connaître au duc d'Orléans. Ce prince les fit loger à Passy chez une demoiselle Chausseri , qui avait pris à la cour le goût de l'intrigue et le conservait. Un abbé Teissier, secrétaire du régent, dirigeait ce triumvirat.

C'était là qu'avait été conclu et signé par le duc d'Orléans et le comte de Stairs un traité secret entre la France et l'Angleterre.

La Trant et la Chausseri n'en promettaient pas moins leurs bons offices aux Jacobites ; elles avaient gagné leur confiance , elles savaient le secret du parti ; elles le découvraient au régent, et ce prince ne le laissait pas ignorer au roi d'Angleterre. Tandis que le duc d'Ormond perdait son tems , sans le savoir, à traiter avec ces négociateurs obscurs, et que Milord Boling-

broke perdait le sien , et le savait bien, à négocier avec les ministres , il arriva plusieurs Anglais,
qui venaient presser , au nom des Toris , le
prétendant de ne plus différer son départ. Milord
Bolingbroke ne concevait pas comment son parti
s'était décidé si promptement , malgré ses conseils , sans s'être concerté sur rien , et sans avoir
de réponses sur les secours qu'on sollicitait.
Les poursuites faites contre tous les ministres
qui avaient eu part à la paix , la disgrace du duc
de Shrewsburi , la faveur des Whigs , l'humiliation du parti de l'Eglise , avaient mis le peuple
en fureur. Il y avait eu du tumulte, et même
quelque sang répandu dans plusieurs cantons du
royaume ; de légeres émotions avaient été sui-
vies de châtimens séveres : on avait emprisonné
un grand nombre de séditieux , quelques seigneurs avaient été mis à la Tour , ainsi que
plusieurs membres de la chambre des communes ;
le parlement autorisait la cour à rechercher les
coupables et à les punir.

Il n'y avait gueres de Toris qui n'eût à craindre
pour sa liberté , parce que les plus innocens
d'entr'eux pouvaient être soupçonnés; ils étaient
conduits par plusieurs chefs qui n'étaient pas
assez unis, et la plupart ou n'avaient pas dans
l'esprit assez d'étendue pour se former un plan,

ou dans le caractere assez de fermeté pour ne pas se laisser emporter par les circonstances au-delà du plan qu'on leur avait tracé. Dans la situation violente où ils se trouvaient, ils ne savaient ni souffrir, ni prévoir, ni attendre; et sans être informés des moyens que leur fourniraient la France et l'Ecosse, sans savoir comment ils résisteraient aux forces de leurs ennemis, ils voulaient précipiter l'exécution de l'entreprise.

Milord Bolingbroke fit part au duc d'Ormond de l'impatience des Toris; il fut d'avis qu'il fallait les retenir le plus qu'il serait possible, et avant de répondre à leur empressement savoir d'eux comment ils voulaient attaquer le roi Georges, quels secours ils espéraient, et les moyens de les leur faire parvenir. Mais en attendant leur réponse, milord Bolingbroke et le duc d'Ormond crurent devoir tenir prêts le peu de moyens qui étaient en leur pouvoir.

Ils envoyerent le chevalier Bing au Hâvre pour y acheter des vaisseaux et les mettre sur le champ en état de faire voile. On y avait déjà fait armer quelques bâtimens, et ce faible armement, qui avait épuisé les trésors du parti, s'était fait avec si peu de mystere qu'il n'aurait pu échapper à un ministre moins pénétrant que le comte de Stairs. Il se plaignit au duc d'Orléans qui fit enlever les armes et les munitions dont milord Bolingbroke faisait charger ses vaisseaux, et les fit transporter dans les magasins du roi.

Les Jacobites furent consternés de cette perte, et on ne pensa plus qu'à s'assurer à Saint-Mâlo de deux ou trois bâtimens qui pussent conduire le prétendant et une suite peu nombreuse. C'est dans ce tems qu'il leur arriva des députés de l'Ecosse ; ils venaient demander au prétendant une réponse positive sur le moment de son départ ; ils venaient lui dire que si l'Ecosse tardait plus long-tems à se soulever, le secret de la conspiration était en danger, et que peut-être le soulevement y deviendrait impossible. Ces députés furent renvoyés sur le champ avec cette réponse : « que le prétendant souhaitait que ses amis se déclarassent en même tems en Ecosse et en Angleterre, afin de se secourir par des diversions utiles, s'ils ne pouvaient établir entr'eux une communication ; qu'il attendait de jours en jours une derniere réponse des Toris, qu'il en ferait part d'abord aux Ecossais, qu'il les exhortait à l'attendre ; mais que s'ils craignaient que le délai ne fît tort à leurs projets, ils pouvaient se déclarer, et qu'il était prêt à partir pour vaincre ou mourir avec eux. »

Quelques jours avant qu'on eût renvoyé les députés, milord Bolingbroke, pour prévenir les fausses mesures qu'on pouvait prendre, avait dépêché un gentilhomme à Londres où le comte de Mar devait être ; le gentilhomme lui apprit à son retour, que le comte était dans les montagnes d'Ecosse où tout était en mouvement.

Milord Bolingbroke ne recevant aucune nouvelle de l'Angleterre, tandis que les Ecossais allaient entrer en campagne, proposa au duc d'Ormond d'envoyer à Londres M. Hamilton ; il était chargé d'apprendre aux Toris le malheur arrivé au Hâvre ; il devait les prier de fixer le moment du départ du prince, et de consulter entr'eux s'il était plus avantageux pour lui de descendre en Angleterre qu'en Ecosse ; il devait leur demander le plan du soulevement et des opérations, et leur protester que le prétendant se conformerait à leur volonté.

Milord Lansdown répondit à M. Hamilton, au nom des principaux du parti, que n'ayant rien à espérer de la France, les Toris ne voulaient pas différer plus long-tems à se déclarer, et qu'ils étaient prêts à suivre leur nouveau roi dès qu'il voudrait paraître. Ils lui conseillaient d'aborder en Angleterre ; sa personne, disaient-ils, y serait en sûreté ; les provinces du Nord devaient être en état de le recevoir et de le défendre. On le priait de faire sa descente le plus près de Plimouth qu'il serait possible.

Milord Bolingbroke ne trouva ni assez de détails ni assez de précision dans cette réponse. Cependant le duc d'Ormond partit de Paris , et le prétendant quitta Bar-le-Duc. On envoya quelques personnes à Londres et au nord de l'Angleterre pour informer les Toris du départ du prince, de la route qu'il devait tenir et des lieux où il voulait aborder. Le duc d'Ormond devait faire voile des côtes de Normandie quelques jours avant que le prétendant fût arrivé à Saint-Malo. Il devait ensuite donner avis au prince du lieu où il aurait débarqué , et lui apprendre la manière dont il aurait été reçu. Milord Bolingbroke envoya deux hommes aux provinces de Devonshire et de Sommersetshire pour les avertir de favoriser la descente du duc, et il ne doutait pas que ces deux provinces n'eussent déjà pris les armes.

Le duc d'Ormond était encore en France,

lorsqu'il apprit qu'à Londres le chevalier Whindham était arrêté, et qu'Edouard Harvey venait de se donner la mort. Il était le chef d'une conspiration particulière dont l'objet était, disait-on, de se rendre maître de la famille royale. Pour éviter les supplices auxquels il se voyait exposé, il se donna trois coups de canif dans la poitrine.

Le duc d'Ormond qui n'avait pas compté sur cette conspiration, s'embarqua et parut auprès de Plimouth, mais il ne vit aucun des signaux dont il était convenu avec les Toris; il rencontra un des hommes que milord Boling-broke avait dépêché aux provinces du Nord; tout était tranquille dans les provinces de Devonshire et de Sommersetshire où la cour avait pris les mesures les plus sages. La province de Cornouailles qui avait dû se soulever, était retenue par des troupes nouvelles qu'on y avait fait passer en grand nombre, et partout les Toris ou intimidés des troupes que la république de Hollande envoyait au secours du roi Georges, ou découragés par les fautes et la division de leurs chefs, semblaient accepter le joug des Whigs.

Dans la seule province du Northumberland les comtes de Derwinwater et de Nithisdale avaient assemblé quatre à cinq mille hommes qui prirent les armes, mais qui resterent toujours trop faibles pour rien décider en faveur du parti qu'ils voulaient sauver. Ce fut un malheur pour le prétendant d'avoir un trop grand nombre de partisans, parce qu'ils furent conduits par plusieurs chefs qui ne surent jamais se concerter. Il y eut, à proprement parler, plusieurs conspirations qui toutes avaient le même objet et n'employaient pas les mêmes moyens. Elles se nuisirent ; un parti moins nombreux mais plus uni et mieux dirigé aurait porté des coups plus fatals à la maison d'Hanovre.

Le duc d'Ormond n'ayant pu, sans témérité, s'arrêter sur les côtes d'Angleterre, remit à la voile pour retourner en France, et parut sur les côtes de Bretagne dans le tems que le prétendant y arrivait, il ne restait à ce prince que deux partis à prendre ; l'un de retourner à Bar, l'autre de faire voile pour l'Ecosse : il choisit le dernier parti.

Le comte de Mar avait rassemblé cinq à six mille Ecossais, et à la tête de cette petite armée il avait fait proclamer le prétendant roi d'Ecosse, sous le nom de *Jacques VIII* ; il exhortait la nation de s'unir à lui. *C'est maintenant*, disait-il dans son manifeste, *que les vrais citoyens doivent s'armer pour délivrer la patrie d'un joug étranger et la faire jouir encore de sa constitution libre et indépendante.* Il avait fait écrire sur ses drapeaux cette devise : *Pour Jacques VIII et la religion protestante contre l'union et les presbytériens.*

L'Ecosse gémissait d'avoir perdu son parlement; la plupart des bourgs qui n'envoyaient plus de députés pour défendre leurs droits se regardaient comme esclaves des Anglais. Le grand nombre des seigneurs qui n'avaient plus de part au gouvernement enviaient les pairs Ecossais qui prenaient séance au parlement de la Grande-Bretagne. On les regardait comme des hommes qui allaient à Londres moins pour défendre que pour trahir leur patrie. Les peuples regrettaient un nom qu'ils avaient rendu illustre par le courage persévérant avec lequel ils avaient défendu et conservé leur liberté ; ils se rappelaient avec douleur les victoires qu'ils avaient remportées sur les Anglais en tant d'occasions; le partage du commerce avec l'Angleterre et l'espérance de s'enrichir comme elle, ne consolaient point les Ecossais ; distingués dans tous les tems des autres nations par

cet orgueil qui rend les hommes plus indif-
férens pour les richesses et plus difficiles sur
les moyens d'acquérir , avec la fierté de leurs
ancêtres , ils avaient beaucoup de la simplicité
de leurs mœurs, leur superstition, leur rudesse,
le même attachement à leurs coutumes et à
leurs lois. Ce caractere était surtout celui des
habitans des montagnes; descendans des anciens
Pictes dont ils parlent encore la langue; ils
sont laborieux et opiniâtres, sans finesse et
sans industrie; ils ont de la candeur et de la
férocité, ils sont intrépides et cruels, ils sont
avides de pillage et rougiraient de tromper;
enfin ils ont les vertus et les vices des peuples
libres et pauvres; ils sont répandus par tribus
dans le nord de l'Ecosse. Ces tribus ne sont,
pour ainsi dire, qu'une seule famille qui reconnaît un chef; ils ont un souverain mépris
pour les habitans de la plaine plus polis, plus
humains et plus éclairés. Ces habitans des montagnes étaient irrités contre le roi Georges. Ils
avaient autrefois refusé constamment de reconnaître Guillaume pour leur roi, et ce prince
avait acheté d'eux la paix par une pension
de quatre mille livres sterlings , qu'Anne leur
continua et que George venait de leur ôter. Ce
furent eux qui s'assemblerent les premiers sous

les ordres du comte de Mar ; mais il eut bientôt sous ses drapeaux des habitans de toutes les parties de l'Ecosse.

Ce royaume avait, comme l'Angleterre, deux partis d'autant plus opposés l'un à l'autre, qu'ils étaient divisés par la religion. Les presbytériens étaient dans les principes des Whigs, et les épiscopaux avaient à-peu-près les mêmes sentimens que les Toris auxquels ils n'avaient pas voulu s'unir, parce qu'ils se faisaient encore plus que leurs rivaux un honneur de haïr les Anglais. Ils desiraient avoir en Ecosse un roi qui ne fût point roi d'Angleterre, et on peut en conclure qu'ils connaissaient mieux que les presbytériens le véritable intérêt de leur patrie. Les habitans des montagnes étaient épiscopaux ; les presbytériens occupaient le midi de l'Ecosse, ils étaient les plus riches et les plus nombreux, et n'étaient pas moins fatigués du joug des Anglais. Leurs ministres excitaient depuis long-tems le peuple contre le gouvernement, et le peuple se soulevait à la voix des hommes qu'il était accoutumé de respecter.

Si les amis du prétendant avaient su faire usage des dispositions générales, il aurait été facile de réunir les deux partis en sa faveur ; mais ils donnerent trop ouvertement la préférence aux épiscopaux, et le comte de Mar, par ses discours et par sa conduite indisposâ les presbytériens. Les Whigs en profiterent : la cour de Londres fit bientôt sentir aux presbytériens qu'ils avaient les mêmes intérêts que les Whigs; elle leur fit craindre d'avoir un roi de la religion catholique romaine, qui serait nécessairement plus intolérant qu'un roi soumis à l'église d'Angleterre. On leur fit connaître que la France et l'Espagne seraient hors d'état de les secourir, et que les troupes d'Hollande et celles que le roi Georges tirerait de ses Etats d'Allemagne, étaient prêtes à les accabler. On gagna en même tems plusieurs Ecossais, et l'on fit arrêter ceux qu'on ne pouvait espérer de gagner. Insensiblement les presbitériens se refroidirent pour le prétendant, et quand le comte de Mar se mit en campagne, il ne fut gueres suivi que par des épiscopaux ; mais leur nombre augmentait tous les jours ; le comte avait près de vingt mille hommes quand il s'empara de toutes les villes le long de la Tuis. Il voulait pénétrer dans le Northumberland pour se joindre aux Anglais qui avaient pris les armes.

Le duc d'Argile commandait l'armée du roi Georges; elle n'était gueres que de cinq à six mille hommes ; mais ce duc en occupant le poste avantageux de Sterling, contint le comte de Mar. Cependant la supériorité des Ecossais était si décidée qu'on a blâmé leur général d'être resté sans agir, et d'avoir perdu à se fortifier dans son camp de Perh, un tems qu'il aurait dû employer contre un ennemi plus faible que lui. Le comte attendait le prétendant, mais l'attendre c'était le mal servir.

Après le départ du duc d'Ormond, milord Bolingbroke avait été forcé de négocier avec la Trant et la Chausseri. La Trant lui remit bientôt, de la part du régent, un billet en chiffre adressé au comte de Mar dont les forces étaient alors supérieures à celles du duc d'Argile. Par ce billet que milord Bolingbroke fit passer en Ecosse, le régent promettait vaguement aux Ecossais le secours de la France.

Cependant le duc d'Argile reçut des renforts dans son camp de Sterling, et le comte de Mar se mit enfin en mouvement. Il fit quelques détachemens et plusieurs marches et contre-marches pour engager le duc à sortir de son camp. Le duc en connaissait les avantages, et se contenta de détacher quelques troupes qui observaient et gênaient les mouvemens du comte de Mar. Quinze cents Ecossais aux ordres du général Hamilton penserent surprendre Edimbourg, et leur dessein étant découvert ils se replierent sur Leith où les Anglais avaient des magasins qui furent pillés. Le duc d'Argile envoya contre ce détachement cinq cents dragons et autant d'infanterie qui n'empécherent pas le général Hamilton de passer dans le Northumberland et de se joindre au comte de Derwin-water. Le général Gordon et le comte de Scaford amenerent encore six mille hommes au comte de Mar. Il partit alors de Perh et remonta la riviere de Forth pour entrer en Angleterre. Le duc d'Argile partit de Sterling et vint sur le chemin du comte de Mar camper près de Dumblin dans un terrein avantageux à la cavalerie dont l'armée anglaise avait un plus grand nombre que l'armée d'Ecosse. Le comte de Mar venait pour camper au même lieu, et le trouvant occupé, il se détermina à livrer bataille. Il fit sa disposition trop lentement, et sa gauche n'était pas formée qu'elle fut chargée par le duc d'Argile qui la renversa et la poursuivit long-tems. La gauche du duc fut entiérement défaite par le comte de Mar qui la força de se jetter dans Dumblin. Si l'un ou l'autre des généraux avait imaginé de se servir de sa droite victorieuse pour la replier sur le centre et la gauche de son ennemi, il aurait remporté une victoire complette. Mais ils firent les mêmes fautes; ils eurent un succès égal, et ce ne fut qu'à Londres qu'il fut décidé que le duc d'Argile avait remporté la victoire.

Le lendemain de la bataille de Dumblin, le comte fit partir pour Paris le chevalier Areskins dans l'espérance d'obtenir quelques secours du régent, ou du moins une somme que la cour d'Espagne, à la sollicitation de Louis XIV, avait envoyée à Paris pour être remise au prétendant. Areskins fut présenté par milord Bolingbroke chez la Trant qui obtint pour lui une audience et l'argent de l'Espagne. Le duc d'Orléans promit des armes dont le comte de Mar manquait. Elles furent même délivrées à milord Bolingbroke et transportées à Compiégne. Mais on sut bientôt à Versailles que le comte avait été abandonné par cinq mille hommes qui s'étaient retirés dans les montagnes et que ce général avait été obligé de retourner dans le camp de Perh. Le crédit de la Trant ne put aller jusqu'à faire conduire sur les côtes les armes déposées à Compiegne, et milord Bolingbroke se retira d'une société qui devenait insuportable dès qu'elle devenait inutile. Le duc d'Orléans accusait milord Bolingbroke d'entretenir des intelligences avec le comte de Stairs, mais

ce

ce prince était détrompé avant que milord se fût justifié. Le régent dit au maréchal de Barwick qu'il s'étonnait que milord Bolingbroke lui fît parler par des femmes qui n'avaient que de l'intrigue, et dont la société convenait peu à un homme de son caractere. Il eut, peu de tems après, une audience du régent dans laquelle il laissa voir à ce prince le regret qu'il avait toujours eu de négocier avec la Trant ; il démêla dans cet entretien que le régent ne ferait jamais d'efforts en faveur des révoltés, et que le comte de Mar ne pouvait plus être protégé depuis qu'il n'était plus à craindre. Le parti du prétendant s'affaiblissait tous les jours, quelques-uns de ses amis se retiraient, les autres se perdaient sans lui être utiles.

Le petit nombre des Jacobites armés dans le Northumberland, n'ayant reçu pour tout secours que le détachement commandé par le général Hamilton, fut bientôt accablé par des forces supérieures ; ils se jetterent dans la petite ville de Preston où ils se fortifierent ; ils y furent attaqués par le général Wills ; ils se défendirent avec courage, mais ils furent forcés de se rendre à discrétion, et la plupart ne prolongerent leur vie par cette capitulation que pour la perdre sur l'échafaud. Ces victoires

soumirent le parti du prétendant et ne le détrui-
sirent pas. Les Toris regarderent long-tems
comme leur ennemi un roi trop favorable aux
Whigs.

Ce fut dans ce tems que le maréchal d'Uxelles
et le marquis d'Effiat proposerent à milord
Bolingbroke de s'attacher au duc d'Orléans.
Le régent voulait lui donner de l'emploi, des
pensions, et lui faire oublier sa patrie. Milord
parut toujours ne pas entendre des propositions qu'il ne voulait pas accepter, et borna
son ambition à servir le prince que ses amis
desiraient d'avoir pour maître. Il parla souvent
à l'ambassadeur d'Espagne des secours que
Philippe V avait promis au prétendant. Il obtint
du cardinal Albéroni un nombre d'officiers
tirés des régimens Irlandais qui sont au service
d'Espagne.

Milord fit équiper un vaisseau pour les transporter ; mais on donna si peu d'argent pour
accélérer ce secours, cet argent se fit attendre
si long-tems, que lorsque le vaisseau fut prêt
à mettre à la voile, le prétendant n'avait plus
aucune espérance. Après avoir été retenu par
les vents contraires, et avoir long-tems erré
sur les côtes de sa patrie, le malheureux fils
de Jacques second débarqua le 2 de janvier 1716

à Petershead en Ecosse. Le comte de Mar alla au-devant de lui avec deux cents chevaux et le conduisit à son camp de Perth. Ce camp n'était plus occupé que par une armée ruinée sans ressource. La désertion l'avait réduite à six mille hommes qui devaient tenir tête à toutes les forces de l'Angleterre et aux secours de la Hollande.

L'arrivée du prétendant ne ramena point à son parti ceux qui l'abandonnaient, et ne releva point le courage de ceux qui lui restaient fideles. Il fit publier une convocation des Etats, une amnistie et quelques autres édits qui furent sans effets. Il ne pouvait rien faire de bien et il fit des fautes.

Dans un des écrits qu'il fit publier on avait mis ces mots en parlant de la reine sa sœur : *Anne de glorieuse et d'heureuse mémoire* ; il effaça *heureuse*. Il y avait cette phrase : *quand il plut à Dieu de l'appeler à lui.* Il y substitua : *quand il plut à Dieu de terminer ses jours.*

Par ces traits et beaucoup d'autres, il donna de la défiance. On lui proposa de se faire couronner, il le refusa, et on crut qu'il refusait pour ne pas faire serment de protéger et de maintenir la liturgie et le culte anglican.

On s'apperçut, dit milord Bolingbroke,

que la religion inspirait au prétendant plus de crainte et de zele que d'amour et d'humanité ; on lui trouvait moins de piété que de dévotion, et plutôt la religion d'un moine que celle d'un prince.

Il n'eut pas les occasions de faire voir son courage, il laissa voir trop d'humeur ; il se plaignit de tout le monde, on se plaignit de lui, et sa personne fit tort à sa cause.

Les Jacobites, quelques mois avant que l'Ecosse fût soulevée, avaient entamé des négociations avec la Suéde ; Charles XII était irrité contre le roi d'Angleterre qui voulait lui enlever Brême et Verden, et le contraindre à faire une paix honteuse. On voulait engager le roi de Suéde à faire transporter en Ecosse les troupes qu'il avait à Gottembourg ; il y aurait consenti volontiers, mais ces troupes étaient presque toutes des corps de cavalerie ; outre qu'il eût été difficile de les transporter, elles auraient été de peu d'usage dans les montagnes d'Ecosse.

Milord Bolingbroke et le comte de Sparr, envoyé de Charles XII, solliciterent à Paris le paiement des subsides que la France devait à la Suéde ; le régent fut informé de l'emploi qu'on devait faire de cet argent ; il différa de payer ; il refusa enfin, et la Suéde ne fut pour le prétendant qu'un allié inutile.

Milord Bolingbroke voulut faire lever en France quelques soldats; il aurait pu en former un corps considérable, mais le duc d'Orléans ne le permit pas.

Cependant le duc d'Argile s'était avancé pour attaquer dans Perth le prétendant. Le prince ne crut point devoir l'attendre, il se retira sur Dundée, et de-là jusqu'à Montroff où il s'embarqua.

Ses partisans se séparerent aussitôt et retournerent dans leurs montagnes. Le prétendant à son départ fit courir un écrit par lequel il promettait aux Ecossais de revenir dans des tems plus favorables; il les exhortait à lui être fideles, et consentait cependant qu'ils s'accommodassent aux circonstances.

Dans le même tems, milord Bolingbroke n'ayant pu servir utilement ses amis, se crut obligé de ne point les tromper; il les avertit qu'ils ne devaient rien attendre des étrangers. Cet avis déplut au prétendant qui avait avec l'Espagne et la Suéde des négociations dont il espérait beaucoup, et dont il n'avait fait part à personne. Le prince après avoir couru mille dangers dans sa navigation débarqua enfin à Gravelines, et de-là se rendit à Saint-Germain où il vit milord Bolingbroke; il reçut d'abord ce ministre avec cette tendresse vive que sentent les malheureux pour les hommes qui leur restent attachés dans leurs disgraces. Milord Bolingbroke fit part au duc d'Orléans de l'arrivée de son maître, et demanda pour ce prince un asyle qui fut refusé. Alors il conseilla au prétendant de partir pour la Lorraine. Il était sûr qu'en se retirant dans les Etats du duc de Lorraine, sans lui en demander la permission, le prétendant n'aurait point offensé ce duc; et qu'au contraire il évitait de le commettre avec les cours de Vienne et de Londres.

Milord Bolingbroke ne voulait pas que le prétendant se rendît auprès du pape qui offrait de le recevoir.

Le séjour de Rome, disait-il, *ne convient pas à un prince qui veut faire valoir ses droits au trône d'Angleterre.* Le prince parut écouter milord Bolingbroke et se déterminer à partir pour la Lorraine. Il donna différentes commissions à son ministre auprès du régent et des ministres de France; il lui dit tendrement adieu, et ne partit que pour Passy où il se rendit chez la Trant. Elle avait obtenu du régent qu'il verrait le prétendant, et il le vit en effet chez elle avec le plus grand secret, après avoir refusé avec beaucoup d'éclat une entrevue qui pouvait inquiéter le roi d'Angleterre. Le prétendant écrivit deux lettres à milord Bolingbroke; dans l'une il lui redemandait les sceaux, et dans l'autre ses papiers. Milord rendit tout avec plus d'indignation que de regret, et en rendant les papiers, il ne daigna pas demander les siens. Ce fut le duc d'Ormond que le prétendant chargea de retirer ses papiers des mains de milord Bolingbroke. Il y avait plusieurs lettres dans lesquelles il était parlé fort mal du duc d'Ormond. Milord Bolingbroke ne rendit pas ces lettres au duc, et les envoya au prince par un homme sûr. Il fut en même tems informé qu'il se répandait des bruits injurieux à sa réputation : on l'accusait d'avoir employé à son usage des sommes destinées à l'expédition d'Ecosse où le prétendant disait-on, n'avait pas reçu de lettres de lui. La premiere de ces calomnies était détruite par le témoignage du trésorier de la reine d'Angleterre. Ce trésorier avait reçu l'argent du prétendant, et savait quel usage on en avait fait. Cinq hommes dignes de foi, qui avaient porté en Ecosse des lettres de milord Bolingbroke détruisaient la seconde calomnie. On en répandit d'autres contre lesquelles la reine d'Angleterre elle-même se crut obligée de s'élever.

Milord Bolingbroke n'a jamais su par quelles

raisons le prétendant avait changé de conduite avec lui. Les chefs des Jacobites se plaignaient aussi, et n'avaient pas de preuves qu'ils eussent à se plaindre ; mais ils avaient donné leur confiance à des femmes que Bolingbroke méprisait sans le dissimuler. Les chefs rejettaient volontiers sur lui le mauvais succès de l'entreprise, et ils lui supposaient des crimes pour se cacher qu'ils avaient fait des fautes.

Libre de tout engagement avec le prétendant, Bolingbroke ne pensa plus qu'à faire sa paix et celle de son parti avec le roi d'Angleterre. Le comte de Stairs avait reçu de ce prince l'ordre de traiter avec Bolingbroke dès les premiers momens que le roi Georges avait soupçonné les desseins des Toris. Le comte reconnaissait trop l'homme qu'il était chargé de gagner, pour lui faire alors aucune proposition, et quelque amitié que ces deux Anglais eussent l'un pour l'autre, ils ne s'étaient point vus ; mais dès que le comte de Stairs fut instruit que milord Bolingbroke avait à se plaindre du prétendant, il lui fit parler de la part de son maître. Le roi d'Angleterre faisait espérer à l'Anglais exilé le retour dans sa patrie et des marques de sa clémence ; mais il lui demandait des éclaircissemens sur la conduite de quelques particuliers, et il lui imposait des conditions qui le révoltèrent. Milord Bolingbroke dit au comte de Stairs, qu'il rentrait sincérement dans son devoir ; qu'il serait attaché toute sa vie à la personne du roi Georges, et qu'il était prêt dès ce moment à s'employer pour le service de ce prince, que sa reconnaissance, son devoir et son honneur l'obligeaient d'informer le roi de ce qui pourrait dans la suite menacer la tranquilité publique; qu'il contribuerait à faire avorter les desseins des Jacobites, et qu'il ferait connaître aux Toris que sous un prince tel que le prétendant, la liberté et la religion seraient toujours en danger; mais que le desir de revoir sa patrie ni aucun motif ne pourraient jamais l'engager à faire le personnage de délateur et à trahir des secrets qu'on lui avait confiés.

« Milord, dit-il au comte en lui serrant la main, » si on me croit sincere, plus on ménage ma » réputation, plus on fait le service du roi; » si on me soupçonne de duplicité, on a raison » d'exiger de moi des conditions que j'ai raison » de refuser. Les difficultés que je fais de m'en- » gager au-delà de mes principes, prouvent que » je tiendrai mes engagemens. Le tems et ma » conduite feront connaître la pureté de mes

» intentions. Il vaut mieux attendre long-tems
» le retour des bontés du roi que de l'obtenir
» promptement en sortant du grand chemin de
» la probité et de l'honneur. »

Le comte de Stairs écrivit à sa cour qu'il était convaincu de la sincérité de milord Bolingbroke et que personne ne pouvait mieux que cet illustre chef des Toris achever de détruire le parti du prétendant. Milord Bolingbroke se conduisit depuis en conséquence de ce qu'il avait promis et des espérances qu'on lui avait données. Il écrivit à ses amis pour leur inspirer son zele pour le roi Georges et sa haine pour le concurrent de ce prince. Il serait bientôt retourné en Angleterre, si milord Marlborough, qui l'appuyait de son crédit, et à qui le roi ne refusait rien, n'eût perdu l'usage de sa raison. Il avait eu plusieurs attaques d'apoplexie. Dans une de ces attaques, le médecin qui avait le soin de sa santé, dit à la duchesse de Marlborough, qu'il sauverait la vie au duc, mais que l'esprit de ce grand homme resterait affaibli : *monsieur*, dit la duchesse au médecin, *sauvez sa gloire*.

Un des hommes qui s'opposaient le plus au retour de milord Bolingbroke, etait Walpole, son véritable rival d'éloquence et d'habileté. La présence de milord Bolingbroke aurait pu être funeste à l'ambition de ce rival. Ils étaient à peu-près du même âge. Dès leur jeunesse ils avaient été opposés l'un à l'autre, et l'un pour l'autre un objet d'émulation. Ils se sont toujours redoutés, et par conséquent toujours haïs. Milord Bolingbroke passait la plus grande partie de son exil dans une maison de campagne à la source du Loiret. Il donnait aux plaisirs un tems qu'il leur avait toujours donné, et réservait pour l'étude celui qu'autrefois il consacrait aux affaires. Il rassemblait chez lui des gens de lettres, des hommes du monde et des femmes aimables. Peut-être ces momens ont-ils été les plus agréables de sa vie. Il aimait sincérement sa patrie et la regrettait raisonnablement.

« Sur quelque rivage que nous emporte le
» cours des événemens, dit-il dans ses Réflexions
» sur l'exil, nous n'y sommes pas étrangers;
» nous y trouvons des êtres dont l'ame est douée
» des mêmes facultés que notre ame, et qui sont
» nés comme nous sous les lois de la nature.
» Nous y voyons les mêmes vices et les mêmes
» vertus. Partout les mêmes principes les pro-
» duisent; mais l'infinie variété de lois et d'usages
» établis pour la même fin, le bien de la société,
» diversifient en mille manieres ces vertus et
» ces vices, etc. »

L'ambition qu'il conservait dans son exil ne le rendit pas malheureux ; s'il était alors sans intrigues, il n'était pas sans espérance. Le roi d'Angleterre venait de donner la pairie au vieux Saint-Jean avec les titres de vicomte de Saint-Jean et de baron de Battersea. Cette grace accordée au pere de milord Bolingbroke, lui fit entrevoir un retour des bontés du roi pour lui-même.

Elevé dans une secte qui permet à notre raison d'examiner les principes de la foi, milord Bolingbroke dans sa retraite étudia beaucoup sa religion, et il lui préféra la religion naturelle. Il était zélé théiste ; il adorait le Dieu de Platon, de Shafsburi et de Leibnitz. Il ne voyait point de mal ni physique ni moral dans l'ordre de l'univers, et ce fut lui qui engagea depuis le célebre Pope à mettre en vers le systême de ces philosophes. Il eut tout l'amour qu'on a d'ordinaire pour ses opinions et il ne se défendit pas de l'esprit de prosélitisme. Il ne voulait point, comme le dit je ne sais quel journaliste anglais, renverser l'ordre des sociétés et sapper les fondemens de la morale ; il s'était persuadé que la raison humaine, éclairée par la philosophie, épurait davantage les mœurs que le christianisme. Il souhaitait de nous voir affranchis des privations, des mortifications, des cérémonies auxquelles un culte reçu nous assujetit, et il disait : *qu'il suffit d'être juste pour être vrai fidele, et d'être généreux pour être saint.*

La mort lui avait enlevé sa femme, et il épousa en 1717 la marquise de Villette. Elle était fille d'un gentilhomme de Champagne, nommé Marsilli. Dans la communauté de madame de Miramion où elle était élevée, on lui fit voir le marquis de Mursai, jeune homme d'une figure agréable, qui la demanda en mariage et l'obtint. Il était fils du marquis de Villette, parent de madame de Maintenon, et voulut faire voir mademoiselle de Marsilli à son pere.

Le marquis de Villette avait de l'esprit; mademoiselle de Marsilli en avait beaucoup. Elle trouva le pere plus aimable que le fils; le pere devint amoureux d'elle, et lui plut alors davantage, enfin il l'épousa. Elle avait autant de vertus que d'agrémens, l'ame noble et sensible, une imagination vive et sage, et de la solidité dans l'amitié. Elle eut en France des amis estimables qui lui furent attachés; elle n'abandonna pas Rousseau dans ses malheurs; elle eut le courage de le croire innocent et celui de le dire. Elle estimait sa personne autant qu'elle admirait ses talens. On voit par les lettres de Rousseau le respect et l'amitié qu'il avait pour elle. Elle fut depuis en Angleterre ce qu'elle avait été en France. Elle fit le bonheur de son second mari, et fut chere aux hommes de mérite dont il était l'ami.

Milord Bolingbroke sollicitait cependant son retour en Angleterre. Le comte de Sunderland que le roi Georges avait rétabli dans sa place de secrétaire d'état, et qu'il avait depuis chargé d'autres emplois et comblé de graces, essaya souvent d'obtenir le rappel de milord Boling-broke; mais le comte de Sunderland mourut en 1722. C'était par déférence pour son beau-pere, le duc de Marlborough, qu'il voulait rendre service à milord Bolingbroke, et ce duc mourut peu de tems après son gendre.

La duchesse de Marlborough disait que milord Bolingbroke était seul digne de louer ce grand homme. Elle composa elle-même, pour son mari, une épitaphe qu'on peut rendre ainsi dans notre langue.

Ci gît qui n'a jamais combattu sans vaincre, assiégé de ville sans la prendre, négocié sans réussir. Passant, si tu es libre, si l'Europe est libre, rends en grace à Jean duc de Marlborough.

La fortune qui enlevait à milord Bolingbroke des amis puissans, remit en faveur un autre de ses amis. Le lord Harcourt, ministre de la reine Anne, déplacé par Georges, long-tems opposé à ce prince dans le parlement, et que le roi, prêt à partir pour l'Allemagne, venait de faire membre d'un conseil de régence, servit bien milord Bolingbroke, et fut secondé par la duchesse de Kendale.

Le roi d'Angleterre avait pour cette duchesse une passion aveugle. Il l'avait comblée de richesses et de dignités, et lui avait même donné une patente de grand-écuyer. Il refusait rarement ceux qu'elle protégeait, et elle ne protégeait gueres que des hommes en état de payer les graces. Elle vendit cher à milord Bolingbroke le retour dans sa patrie. Le duc et la duchesse de Marlborough, malgré l'avarice qu'on leur a reprochée, n'avaient jamais fait cet infâme usage de leur crédit. Le pere de milord Bolingbroke était fort âgé, et son fils avait à demander qu'on révoquât l'acte du parlement par lequel il était privé du droit de succéder aux biens et aux titres de sa famille. Walpole n'empêcha pas cette révocation que le roi souhaitait, mais il y fit mettre des restrictions qui aigrirent contre lui milord Bolingbroke. Il lui fut permis de jouir de ses biens, mais on lui en refusa la disposition et la propriété, et s'il fut libre de porter le titre de lord vicomte de Bolingbroke, ce fut à condition qu'il ne prendrait pas sa place dans la chambre des seigneurs.

Le plaisir de revoir ses amis et de vivre dans sa patrie, le rendit d'abord peu sensible à la sévérité du parlement. Gai, poëte, ami de Pope et de Swift, dédia ses *Eglogues* à milord Bolingbroke, qui étant mal à la cour et presque avec tous les partis, ne pouvait prétendre d'hommages qu'en qualité d'ami digne d'être juge. Gai a fait des fables où l'on trouve du feu, de la simplicité, de l'esprit, de la finesse et de la facilité, mais ni la précision de Phedre ni l'enjouement naïf et la délicatesse de Lafontaine.

Milord Bolingbroke reçut dans la suite un hommage plus flatteur que celui du poëte Gai. Un des plus beaux génies que la France ait eu et qui fait encore aujourd'hui le plus d'honneur à sa patrie, lui dédia sa tragédie de Brutus. Peu de tems après son retour milord écrivait à Swift:

« Ma vie est plus constamment la même,
» et je suis moins livré à la dissipation que
» dans le tems où j'ai commencé à être connu
» de vous et où j'étais pour vous un sujet d'in-
» quiétudes. Je n'ai plus que pour ma femme
» l'amour que j'avais pour tout son sexe. Les
» événemens auxquels on donne le nom de
malheurs,

» malheurs, m'ont appris à distinguer mes amis
» de mes connaissances. Ces insectes qui mur-
» muraient autour de moi quand j'étais exposé
» au grand jour, ne m'importunent plus dans
» l'obscurité. On ne vient chercher dans ma
» solitude que le solitaire qui l'habite, et je
» n'y reçois que des philosophes que vous
» aimerez si vous n'êtes pas changé. On n'en-
» tend point ici la voix des partis opposés. J'y
» oublie moi-même que j'ai été autrefois d'un
» parti. Quand j'approfondis la nature, et que
» je considere ce que les hommes devraient
» être, j'ai peine à concevoir qu'il existe de ces
» monstres qu'on appelle des partis ; mais l'his-
» toire grecque et romaine, Guichardin ,
» Machiavel et de Thou font bientôt dispa-
» raître mes illusions. L'histoire de ce qui s'est
» passé de mon tems dans ma patrie, est un
» objet d'occupation que je me suis interdit.
» Ce n'est pas que je craigne de reprendre le
» goût du tumulte et du monde, et de perdre
» celui de l'étude et de la retraite. Je n'ai qu'un
» regret, c'est de n'avoir pas connu plutôt les
» charmes de mon nouveau genre de vie, ma
» philosophie se serait fortifiée par l'habitude.
» L'humeur que tous les partis laissent voir
» contre moi ne m'a donné pour aucun d'eux

» ni aversion ni ressentiment. Je leur dois plutôt
» de la reconnaissance. Les uns m'ont guéri
» de la crainte, parce qu'ils m'ont prouvé com-
» bien est impuissante la malignité des hommes;
» les autres m'ont fait connaître la vanité de
» mes espérances, parce que j'ai vu à quel prix
» on achetait la bienveillance de la multitude.
» J'ai l'obligation à tous de n'être plus étonné
» de rien; les réflexions, et l'habitude de jouir
» m'ont conduit à l'indifférence. Tous mes pas
» tendent à la tranquillité qui est mon but. J'ai
» quelquefois de la gaîté; je ne connais plus
» la tristesse; le monde ne m'intéresse que par
» mes amis. J'en ai fait de nouveaux; j'en ai
» perdu d'anciens. Je jouis des premiers sans
» inquiétude, parce que je les ai choisis sans
» légereté; je regrette peu les seconds, parce,
» que je ne méritais pas d'en être abandonné.
» Je ne verrai dans ma retraite ni des sots ni
» des fripons. Je verrais plus volontiers ceux-
» ci; je crains moins un fripon plein d'esprit
» qu'un honnête sot....... Adieu, mon cher
» Swift; je vous aime avec vos défauts, faites
» un effort, pardonnez moi tous les miens, et
» soyez toujours mon ami. »

On voit par cette lettre, à ce qu'il me semble,
que milord Bolingbroke aspirait plus à la tran-

quillité , qu'il n'en jouissait. La paix d'Utrecht
était un crime que les Whigs ne lui pardonnaient pas encore, et sa réconciliation avec le
roi Georges l'avait rendu odieux aux Jacobites
et même aux Toris. Tous flétrissaient sa réputation. On ne détrompe gueres son siecle. Mais
milord Bolingbroke espérait du moins laisser
à la postérité des preuves de son innocence.
C'est dans le dessein de justifier son ministere
qu'il commença ses lettres sur l'histoire. Il
répandit dans cet ouvrage son éloquence et ses
lumieres, une saine critique et beaucoup de
philosophie. Les deux premieres cependant sont
trop remplies de lieux communs, et il y fait
plus d'usage de sa mémoire que de son esprit.
Dans les suivantes il porte trop loin le scepti-
cisme, et veut soumettre l'histoire sacrée aux
regles de la critique ordinaire. On voit dans
les dernieres un homme qui a connu l'état de
l'Europe et les causes des changemens qui sont
arrivés depuis deux siecles dans cette partie
du monde. On y desirerait plus d'ordre et de
précision. Il y expose les intérêts des différentes nations, leur puissance et leurs vues.
On y trouve épars et confusément les desseins
exacts de différens membres d'un grand corps,
les couleurs qu'il faudrait employer pour le

peindre, mais le tableau reste à faire. Il ne remplit parfaitement qu'un seul des différens objets qu'il se propose; celui de prouver que la paix d'Utrecht était nécessaire aux Anglais, et que dans les circonstances où l'on était alors, il était impossible que la reine Anne eût de plus grands avantages qu'elle n'en obtint.

Les calomnies d'un public injuste continuaient à retentir dans la retraite de milord Bolingbroke; et comment jouir du repos sans l'estime des hommes? il aurait soutenu sa disgrace, si elle avait été sans humiliation; son ame était encore plus élevée qu'ambitieuse. L'idée qu'il avait perdu la confiance de tous les partis était un supplice cruel pour un homme dévoré du desir de la gloire. Il n'approuvait pas la conduite des ministres, et il sentait peut-être autant de haine pour eux que d'amour pour sa patrie.

Les malheurs portent à l'excès les vertus des ames fortes, comme ils détruisent les vertus des ames faibles. Le zele de milord Bolingbroke était devenu de l'humeur. Il fit plusieurs voyages en France, et il portait avec lui cette inquiétude que doit sentir quiconque ne peut se livrer à l'étendue de son caractere. Haï de Walpole, et persuadé que ce ministre préparait la ruine de l'Etat, il pensa dès-lors à se venger et à venger sa patrie.

Georges Ier n'aurait jamais éprouvé de rébellion s'il avait voulu n'en pas craindre. Les Toris ne formèrent le projet de se révolter que pour s'assurer la conservation de leur liberté et de leurs vies ; et gouvernés par un prince qui s'obstinait à les croire coupables, ils furent forcés à le devenir. Il semble qu'en montant sur le trône d'Angleterre, Georges aurait dû penser à réunr les partis ; mais ce prince avait pris dans ses anciens Etats l'habitude de régner sans contradiction. Il sentit qu'il regnerait plus absolument, s'il se livrait à un seul parti qui lui saurait gré de le préférer et d'humilier l'autre. Il sentit que les Whigs, quoique les moins nombreux, étaient les plus puissans, et qu'ils le seraient encore davantage, lorque l'armée qui était en Flandres serait de retour en Angleterre et remise sous les ordres du duc de Marlborough. Il sentit qu'il devait attendre beaucoup des Whigs, parce que leur fortune dépendait plus de lui que celle des Toris. De plus, Georges était luthérien, et quoiqu'il eût fait d'abord profession de la religion anglicane, les non-conformistes devaient croire qu'il leur serait favorable. Les Toris n'ayant pas su se donner la pluralité dans le parlement, le roi put dès-lors se flatter de régner plus absolument qu'aucun roi d'Angleterre n'a regné depuis Henri VIII.

Georges avait acheté du Danemarck les duchés de Bremen et de Verden, récemment usurpés sur Charles XII. Ils furent payés avec l'argent de l'Angleterre, et pour s'en assurer la possession, il fallut manquer au traité de Travendahl par lequel Guillaume III avait garanti les possessions de la Suede.

Une flotte anglaise fut envoyée dans la mer Baltique contre Charles XII. Ce prince s'en vengea en fomentant les semences de divisions qui étaient parmi les Anglais. Pour obtenir de l'empereur l'investiture des duchés de Bremen et de Verden, il fallut s'engager à faire rendre la Sicile à ce prince, quoique les Anglais fussent pour ainsi dire les maîtres de cette île, tant qu'elle resterait au duc de Savoie. Une suite des engagemens pris avec l'empereur fut la guerre contre l'Espagne. En 1717, une flotte anglaise, sans que la guerre fût déclarée, brûla la flotte d'Espagne dans les ports de Sicile. On fit la paix avec le nouveau roi de Suede qui céda Bremen et Verden, et en faveur de cette cession, Georges promit à la Suede de contraindre le Czar à modérer ses prétentions. Il indisposa ce prince en voulant le forcer à retirer ses troupes d'Allemagne. L'empire avait assez d'intérêt à éloigner les Moscovites pour que l'Angleterre ne s'en chargeât pas. Les négocians Anglais craignirent que le commerce ne fût interrompu avec la Moscovie; et pour les rassurer et avoir raison du Czar, il fallut couvrir les mers du Nord d'escadres anglaises.

En 1718, quelques Whigs se détachèrent de la cour et s'unirent aux Toris, mais l'intérêt de la patrie fut le prétexte, et le mécontentement de Walpole la cause de leur changement. Ce ministre, sous le regne d'Anne, avait été le martir de son parti. Sous le regne de Georges il en avait été le vengeur. Il ne croyait point à la vertu; il achetait les hommes, et comptait assez sur leurs vices pour ne chercher pas à les tromper. Il respectait les engagemens qu'il prenait avec ses amis; il cherchait à les servir, et ne leur donnait jamais de vaines espérances.

Le roi avait fait des changemens dans son ministére, et des Whigs avaient été remplacés par des Whigs. Le vicomte de Towshend était du nombre des ministres disgraciés. Il était beau-frere de Walpole, qui augmenta dans le parlement le nombre des opposans sans cependant les rendre supérieurs au parti de la cour.

Il y serait parvenu, et en 1718 les communes disputerent vivement une légere augmentation de subsides. On craignit que la balance ne devînt trop égale entre les partis, et on se hâta de regagner Walpole. Il fut surchargé d'emplois; la régie des finances fut confiée à sa famille; on le mit en état de s'élever aux postes où il aspirait, et dès-lors il servit la cour avec un zele qui ne s'est pas démenti.

Le roi osa former le projet de continuer son parlement au-delà des trois années prescrites par la loi. Pour y parvenir, il était important de conserver une armée assez considérable pour en imposer au peuple. La guerre contre l'Espagne et les engagemens pris avec l'empereur furent un prétexte pour entretenir vingt mille hommes sous les armes.

Autrefois quand les troupes étaient en Angleterre, les officiers subalternes et le soldat étaient jugés par les juges civils pour les fautes contre la discipline; en dépendant ainsi du magistrat, le militaire était confondu davantage avec le citoyen, il s'accoutumait à reconnaître une autre autorité que celle du roi et de ses officiers, et on l'attachait encore à la patrie par le respect et par la crainte. Le parlement voulut que dans la suite les soldats ne fussent jugés que par le conseil de guerre, et dans ce même tems il fit une loi pour étendre jusqu'à sept ans la durée des parlemens.

Les Whigs approuvaient toutes les dépenses, parce qu'ils augmentaient par-là le prix et la circulation des papiers de crédit. On imposa des taxes nouvelles ; on fit de nouveaux emprunts ; on prit au service d'Angleterre de nouvelles troupes dans l'Empire, et on augmenta la liste civile. Walpole se servit d'une partie des subsides pour acheter des voix dans le parlement. Les Anglais étaient alors moins jaloux de leur liberté que sous les regnes précédens, et le caractere de la nation était l'avarice, comme il avait été l'amour de la gloire et de la patrie. La compagnie du Sud fit une sorte de banqueroute. En ruinant une partie de la nation, elle enrichit ses directeurs et sous-directeurs assez pour que les uns ne fussent punis que légérement, et pour que les autres ne fussent pas même recherchés. On ne craignait plus de s'enrichir aux dépens de l'Etat et de l'honneur. Quelqu'un ayant dit à Walpole *qu'il ne fallait pas de premier ministre,* ou pour mieux dire, *qu'un ministre eût seul le secret des affaires,* il lui répondit, *qu'il ne fallait pas que deux hommes*

*sussent à quel point les Anglais étaient cor-
rompus.*

Shippen, illustre par sa fermeté et son inté-
grité, proposa de prendre des mesures pour
empêcher les distributions d'argent dans les
élections. Le parlement allait se séparer, et
pour n'être pas soupçonné de vouloir se faire
continuer en achetant les suffrages, les membres
de ce parlement devaient appuyer la proposition de Shippen. Elle trouva cependant de l'opposition dans les communes, elle n'y fut même
approuvée que quand on fut bien sûr qu'elle
serait rejetée par la Chambre-haute. On vit
les législateurs d'Angleterre craindre de mettre
un frein à la corruption, et les pairs du royaume
se charger de la protéger. On était passé de
la liberté de penser à l'abus du raisonnement.
Il semblait qu'on voulût mettre le vice en
système. Les Shafsburi et les Adissons étaient
remplacés par des écrivains qui attaquaient les
principes de la société, et l'Angleterre fut
inondée d'ouvrages dont la plupart n'auraient
point été lus, si les hommes d'esprit avaient
eu de la probité, ou si les hommes vicieux
avaient eu du goût.

Cependant les deux tiers des membres de

l'ancien parlement entrerent dans le nouveau ;
quelques-uns n'étaient pas du parti de la cour,
et on voulut les réduire au silence. Ils se réser-
verent la liberté de protester contre les actes
qu'ils n'approuvaient pas. On essaya de leur
ôter cette liberté, ou du moins celle de donner
au public les raisons de leurs protestations.

On avait fait la paix avec l'Espagne ; le royaume
allié de la France et de l'empereur, en paix avec
les princes du Nord, n'avait pas besoin d'armées,
et pour engager le parlement à conserver les
troupes sur le même pied, on lui parla de
conspiration et du prétendant.

Le sage et savant Atterburi, évêque de Rochester, à l'âge de soixante ans et accablé d'infirmités, fut mis à la Tour comme chef d'une
conspiration ; sur des lettres anonymes, sur des
dépositions de témoins suspects faites sans
aucunes des formalités ordinaires, sur de prétendus papiers qu'on ne fit jamais voir ni à l'accusé ni aux deux chambres ; elles le condam-
nerent presque tout d'une voix à l'exil. Il était
l'ami de milord Bolingbroke, ennemi de Walpole, défenseur zélé des lois et de la liberté.
Il écrivait de sa prison à Pope :

« Remerciez pour moi le docteur Arbuthnot ;
» il m'a envoyé des papiers qui peuvent me

» servir, si pourtant quelque piece peut servir
» dans un procès dont le jugement est déter-
» miné; dites-lui que je me justifierai assez, pour
» que mes amis n'aient pas à rougir de mon
» amitié, et pour que mes ennemis ne triomphent
» pas de leurs avantages. C'est à vous que
» j'appelle de mon innocence : pensez vous,
» à la maniere dont vous m'avez vu employer
» mon tems à Westminster, et en vous rap-
» pelant les conversations que nous avons eues
» ensemble, que j'eusse été fort occupé d'in-
» trigues et de complots? »

Ce vertueux prélat mourut à Paris en 1731, après avoir reçu les derniers soupirs d'une fille unique qu'il aimait beaucoup, et qui venait en France pour consoler son pere dans son exil.

Atterburi, quelque tems avant de mourir, écrivait à Pope :

« Je dois aimer et j'aime ma patrie malgré
» ses fautes et ses défauts. La constitution de
» notre gouvernement m'est également chere; et
» quoiqu'elle m'ait injustement accablé, je deman-
» derai à Dieu, jusqu'à mon dernier moment,
» qu'elle puisse subsister toujours. »

Il ne fallait pas à milord Bolingbroke tant de motifs pour l'engager encore à reparaître sur le théâtre du monde. Mais le rôle qu'il pouvait y prendre était embarrassant : privé de sa place au parlement, il ne pouvait servir sa patrie que par ses écrits. Il avait à craindre le ressentiment d'un ministre agréable à son maître ; il avait à craindre pis encore : suspect à tous les partis, sans être redouté d'aucun, la vérité pouvait être dans sa bouche sans crédit et sans conséquence. Le plus grand nombre des Whigs était livré au ministre par intérêt, et quelques-uns parce qu'ils étaient contens de son ministere. Des Toris, les uns avaient conservé leur opposition à la cour, mais n'osaient la faire paraître, de peur d'essuyer le reproche de jacobitisme ; les autres s'étaient réconciliés sincérement et s'étaient accoutumés au crédit de leurs adversaires ; tous étaient attachés au roi. Il n'y avait plus entr'eux et les Whigs de division que celle que le ministre savait entretenir, et celle qu'y mettait la différence des noms.

Le premier pas de milord Bolingbroke fut d'essayer de les réunir encore davantage. D'abord il leur fit voir qu'ils étaient plus distingués qu'opposés, et que leurs intérêts étaient devenus les mêmes : un Toris, disait-il, soutenait autrefois l'obéissance passive et le droit héréditaire à la couronne ; il était zélé pour la gloire et surtout pour l'autorité de l'église : aujourd'hui les Toris plus éclairés ont abandonné le premier de leurs dogmes comme contraire à la nature et au bon sens; ils ne connaissent de droit héréditaire que dans la branche d'Hanovre, préférée par la nation; et non moins zélés pour l'église, ils ne regardent plus comme ennemis des protestans leurs freres, que de légeres différences ont séparés d'eux. Un Whig autrefois soutenait l'indépendance de la nation représentée par les parlemens, il voulait abolir l'épiscopat, il était ennemi du papisme et de la France : aujourd'hui les Whigs conservent les mêmes sentimens pour nos libertés, ils les partagent avec l'Angleterre, qui ne reconnaît plus d'autorité que celle qu'elle confie et qui sait s'y soumettre. Ceux d'entr'eux qui sont non-conformistes jouissent de la liberté de conscience et respectent la religion de l'Etat; ils sont réunis avec les Toris contre les papistes et contre un roi qui pourrait l'être. Les uns et les autres regardent la France comme une alliée fidelle qui ne protege plus le prétendant, et qui concourt avec le roi Georges au dessein de maintenir la paix.

La dissertation de milord Bolingbroke est un de ses meilleurs ouvrages. Il remonte à la source des divisions de son pays, il fait leur histoire, il prouve que de tout tems les chefs des partis se sont joués de la crédulité des peuples, que ces dissentions rendent la nation moins attentive aux fautes ou aux attentats de ceux qui gouvernent, qu'occupée à se déchirer elle-même, elle est long-tems sans appercevoir les fers qu'on lui prépare, que souvent un parti risque sa liberté pour abaisser son rival, que la constitution de l'Etat peut aisément changer et devenir anarchie ou monarchie absolue, qu'elle demande une attention continuelle de la part des Anglais, qu'ils doivent aimer la liberté jusqu'à en être jaloux à l'excès, qu'il faut bien se garder de détruire en eux cet esprit d'inquiétude qui les rend difficiles à conduire, et que si cet esprit est souvent fatal aux ministres, il l'est rarement aux rois, et jamais aux peuples. Cette dissertation fut dédiée à Walpole, et quelques feuilles du Crafsman, sur le même sujet, eurent d'autant plus de succès, qu'un grand nombre de Whigs s'étaient déclarés dans le parlement contre le ministre. Insensiblement l'état des partis changeait en Angleterre au point qu'on leur donnait à peine les noms de Whigs et de Toris. Il n'y eut plus que le parti du peuple et celui de la cour, et c'est ainsi qu'on les distingue aujourd'hui.

Milord Bolingbroke fit ensuite connaître les inconvéniens de la prolongation des parlemens.

Il faut préserver de la séduction ceux qui les composent. Ils ont pu résister aux offres d'une place ou d'une pension, et si vous ne les changez pas, ils ne résisteront plus. D'ailleurs il y a dans les provinces des hommes qui prétendent jouir du même honneur, et que leur naissance, leur fortune, leurs talens en rendent dignes. Ils verraient impatiemment occuper long-tems un poste qu'ils cherchent à mériter.

Au couronnement de Guillaume III, la durée des parlemens fut fixée à trois ans, et si quelques séditions ont engagé la nation à les prolonger, depuis qu'il n'y a plus de troubles à craindre, il faut rétablir la durée des parlemens telle qu'elle était sous Guillaume. Nommer ses législateurs est l'usage le plus agréable que le peuple puisse faire de sa liberté. Il faut donc rendre cet usage le plus fréquent qu'il est possible.

Milord Bolingbroke, dans le Crafsman, fait l'histoire de deux parlemens tenus sous Georges Ier Il veut les rendre ridicules. La cour obtenait tous les subsides qu'elle demandait, le parlement n'obtenait jamais d'en savoir l'emploi; le parlement accordait tout, le roi n'accordait

cordait

cordait rien, et le parlement se séparait en remer-
ciant le roi.

Georges 1er mourut en 1727. Son ministre
avait ménagé depuis long-tems et servi utilement
le prince de Galles que le roi traitait avec trop
de rigueur. Le prince se souvint des égards
qu'on avait eus pour lui, et dans les premiers momens du regne de Georges second,
Walpole parut plus puissant qu'il ne l'avait été
sous Georges 1er.

Milord Bolingbroke avertissait sans cesse la
nation de ce qu'elle avait à craindre ; il exhorta
fortement ses concitoyens à choisir pour représenter dans le parlement qui se formait en 1729,
des hommes dont l'esprit et les mœurs fussent
estimés, qui eussent assez de fortune pour ne
pas se laisser corrompre aisément, et qui
n'eussent d'emplois ni à la cour ni dans les
finances.

Walpole, pour se donner la supériorité dans
ce parlement, se servit de ses moyens ordinaires,
et dans ce combat de l'éloquence et de la vertu
contre l'argent et l'ambition, ce ne fut pas, dit-on,
l'éloquence et la vertu qui triompherent. Cependant aux premieres séances, le ministre fut
vivement attaqué sur l'usage de quelques subsides.

Tome V.   N

De jeunes députés parlèrent de lui sans ménagement en sa présence. Milord Bolingbroke le sut, et dit à cette occasion *que Walpole entendait déjà la voix de la postérité.*

La réforme d'une partie des troupes fut l'objet que milord Bolingbroke suivit avec le plus de chaleur (1). Une armée est inutile aux Anglais qui ne doivent être défendus que par des flottes. Elle occupe un nombre d'hommes qui seraient utiles au commerce et aux manufactures. Ces hommes peuvent être corrompus par des factieux, et résister à l'autorité des parlemens et des rois ; ou trop soumis à la cour qui nomme aux emplois militaires, ils peuvent détruire la liberté ; dans tous les tems ils inquiètent les peuples, et leur ôtent la confiance en leur roi qui ne doit régner que par l'amour ; mais ils sont à craindre surtout dans les tems des élections qu'ils peuvent gêner. Quand une armée n'aurait aucun de ces inconvéniens, il faudrait encore la réformer, parce que son entretien coûte beaucoup aux peuples. Ils sont, dit mi-

____

(1) Dans cette occasion et quelques autres, l'auteur de ces mémoires n'adopte pas les opinions de milord Bolingbroke.

lord Bolingbroke, surchargés d'impôts en Angleterre, et c'est le moindre des maux qu'y causent les dettes de l'Etat. Elles ont engagé à donner des privileges trop exclusifs à des compagnies de commerce qui sont dangereuses dans un pays libre, parce qu'elles ont trop à espérer ou à craindre du ministre de la cour. Les dettes de l'Etat ont donné lieu à la création d'emplois qui, pour percevoir les droits, en consomment une partie. Ces emplois sont nommés par la cour, et les voix de ceux qui les possedent sont au ministre qui les donne.

Milord Bolingbroke examine aussi l'état du commerce; il fait voir que le plus essentiel est celui des colonies, et qu'il faut les protéger comme la seule source de richesses que les étrangers ne puissent tarir. Elles consomment une partie du produit des manufactures, et donnent en échange leurs productions que les Anglais vendent au reste du monde. Elles fournissent à l'entretien de leurs flottes formidables, elles exercent leurs matelots, elles sont enfin la base du commerce de l'Angleterre. Il prétend que les colonies françaises sont beaucoup plus encouragées, mieux policées et deviennent plus florissantes que les colonies anglaises.

Celles-ci tomberont même par le peu de negres que leur fournit la compagnie d'Afrique, qui d'ailleurs a laissé les Français, les Danois et les Hollandais s'établir dans un pays plus abondant en or que le Pérou.

Depuis les privileges accordés à la compagnie du Sud, qui a seule le droit d'envoyer aux Indes Espagnoles, il y passe moins de marchandises anglaises que les négocians n'y en faisaient passer autrefois par interlope. Il prouve que les étrangers consomment moins d'étoffes d'Angleterre en 1728 qu'ils n'en consommaient en 1715. L'ouvrier chargé d'impôts est obligé de vendre cher, et il s'est établi dans les pays étrangers des manufactures, qui, donnant à un moindre prix, sont sûres de débiter davantage. La mauvaise administration de la compagnie érigée pour la pêche de la baleine, a fait passer ce commerce aux Hambourgeois. On abuse, dit-il, des richesses de représentation; et parce qu'on a beaucoup de crédit, on se croit beaucoup d'opulence.

Milord Bolingbroke n'est pas plus content de la conduite de la cour par rapport aux affaires étrangeres. Il fait remarquer d'abord qu'on a perdu le plus grand avantage de la paix d'Utrecht, celui de ne prendre aucun engagement dans l'Europe qui puisse forcer les Anglais à la guerre. Ils ne devaient donc penser qu'à se mettre en état de prendre part dans la suite aux événemens qui auraient intéressé leur puissance ou leur honneur. Aucune nation n'aurait troublé leur repos, et cette politique aurait été celle des ministres anglais, si le roi d'Angleterre n'avait pas été électeur d'Hanovre.

Le traité de la quadruple alliance, en 1717, détruisit le système du traité d'Utrecht. La France même, en faisant la guerre à l'Espagne, n'était pas son ennemie, et en lui arrachant la Sicile, de concert avec l'Angleterre, elle préparait l'introduction de don Carlos en Italie, et pensait dès-lors à faire rendre aux enfans de Philippe V les Etats enlevés à leur pere. Aussi l'Espagne se réconcilia-t-elle aisément avec l'empereur, qui promit à l'Infant l'investiture des duchés de Plaisance, de Parme et de Toscane, tandis que l'Espagne favorisait l'établissement de la compagnie d'Ostende. Ces premieres fautes en entraînerent d'autres sans nombre : il fallut négocier en Empire, de concert avec la France, et par-là cette couronne y reprit son ancien crédit. Une multitude de négociations fit prendre

trop de part dans les affaires du continent : à
peine y avait-il un traité en Europe que l'Angleterre n'eût garanti ; à peine un prince pouvait-il
former une prétention que l'Angleterre ne dût
s'y opposer. Il y avait même des engagemens
contradictoires qu'il était impossible de remplir.
Il fallut soutenir des traités inutiles par des efforts
onéreux.

La paix devint aussi dispendieuse que la guerre
l'avait été, et l'on se ruinait par un appareil de
flottes et d'armées. La France au contraire avait
alors un ministere économe, elle payait des
dettes, elle assurait les fonds de celles qu'elle
ne payait pas ; son commerce augmentait, et
ses richesses surpasserent bientôt celles des
Anglais.

Un membre de la chambre des communes
disait en 1734, *que l'Angleterre ne devait pas
faire la guerre à la France, parce qu'il y avait en
France le double d'argent, de troupes et d'honneur.*

Les différens écrits de milord Bolingbroke
firent beaucoup d'effet ; ils réveillerent l'amour
de la liberté ; ils inquiéterent sur la conduite
de la cour ; ils firent voir que l'entretien d'une
forte armée, le soin de maintenir l'Etat chargé
de dettes, la protection trop grande accordée

aux compagnies, les engagemens avec les étrangers, les complaisances outrées pour la France, la prolongation des parlemens, la corruption établie, étaient les effets d'un seul dessein, celui d'augmenter la puissance du roi au-dedans, et dans l'Empire la puissance d'Hanovre. Valpole était attaqué dans tous ces écrits ; il y était rendu odieux ou ridicule. On prévoyait dans *le Crafsman*, on y annonçait tous ses desseins, on en faisait échouer plusieurs; il fut souvent embarrassé, et obligé d'employer plus d'art et de circonspection qu'il n'avait fait jusqu'alors.

Un homme d'un grand sens, d'une éloquence forte et concise, d'une présence d'esprit extraordinaire, très-profond dans la connaissance des affaires, plein de courage et de désintéressement, s'unit à milord Bolingbroke, et forma dans la nation et dans le parlement un parti puissant contre Walpole. Ce ministre aurait succombé en 1732, si l'espérance de remplir sa place et celles des ministres qu'il protégeait n'avait pas divisé plusieurs des chefs. Milord Bolingbroke et l'homme illustre dont j'ai parlé ne furent pas du nombre de ces ambitieux imprudens. Le premier déclara qu'il ne prétendait à aucun emploi ; le second n'en voulait pas, mais il desirait seulement le titre de ministre et l'entrée dans le conseil.

Ces deux hommes firent usage de leurs talens pour réparer les fautes de leurs amis : ils y parvinrent, et Walpole fut obligé enfin de se retirer du ministere. Il eut alors le titre de comte d'Oxford, et accepta la pairie que, quelques années auparavant, il avait refusée pour ne pas perdre son crédit dans la chambre des communes. Son esprit se conserva, dit-on, dans le conseil; mais si la dépravation, dont Walpole fut accusé d'être la cause, subsiste encore en Angleterre, elle y est combattue.

Milord Bolingbroke avait rempli les feuilles du Crafsman de remarques sur l'histoire d'Angleterre. Il recueillit depuis ces remarques, il y en ajouta de nouvelles, et le tout forme un ouvrage qui demandait des idées plus précises et une politique plus profonde que les remarques de Machiavel sur les décades de Tite-Live.

Son livre est, à ce que je crois, le livre où un Anglais peut le mieux voir les avantages du gouvernement sous lequel il a le bonheur de vivre, et les moyens dont on s'est servi et dont on se servira dans tous les tems pour en altérer la constitution. Ces moyens seront à-peu-près les mêmes. Les politiques se copient, et le tableau d'un ministere est au moins l'esquisse de tous les autres.

Milord Bolingbroke, dans les dernieres années de sa vie, avait gagné la confiance du prince de Galles, dernier mort. Ce prince l'avait engagé à faire *le Patriotisme*, ouvrage rempli de vues sublimes, de philosophie, de connaissances, d'éloquence, de longueurs et de lieux communs. Il passait beaucoup de tems à Twithenham, maison de campagne de Pope, située sur les bords de la Tamise. Il y avait dans les jardins de cette maison une grotte garnie de rocailles et de minéraux, sur le frontispice de laquelle on lisait une inscription qui finit ainsi :

O vous qui aimez les merveilles de la nature, sans soupirer pour ses trésors, observez et respectez. C'est ici la grotte sacrée où Bolingbroke vint se reposer et penser; où Windham, prêt à quitter la vie, ne faisait des vœux que pour la prospérité de ses concitoyens; où le zele pur de Windham s'imprimait dans l'ame de Marchemont. Mais éloignez-vous de cet azyle, ô vous qui n'avez pas le courage d'aimer la patrie et d'être pauvre.

Ce fut en partie à Twithenham que milord Bolingbroke composa différens ouvrages de métaphysique. Swift et Pope ont donné les plus grands éloges à ces ouvrages, et je crois que leur jugement serait confirmé par le public.

Milord Bolingbroke perdit Pope en 1744. Leur amitié constante avait fait le bonheur ou la consolation de l'un et de l'autre. Le moindre mérite de Pope est d'avoir été le plus grand poëte qu'ait eu l'Angleterre, et l'un des hommes qui a réuni l'esprit philosophique à une belle imagination. Il fut ce qu'il appelle un des plus nobles ouvrages du Créateur, c'est-à-dire, un homme de bien. Il eut pour sa mere un respect et une tendresse dont il eut le bonheur de lui donner des marques long-tems. Il eut pour les pauvres une bonté qui ne se refroidit jamais. Il eut dans l'amitié, de la sensibilité, de la fidélité, de l'égalité. Il ne connut ni l'esprit de parti ni l'ambition ni la superstition. Il était sincérement citoyen, catholique et l'ami des hommes. Né d'une famille ancienne et dont la branche aînée s'était rendue illustre, il se trouva, par sa naissance comme par ses talens, à portée de connaître les hommes qui ont tenu le premier rang dans sa patrie. Il ne loua ni pour être loué, ni parce qu'il avait à espérer ou à craindre.

A l'âge de 20 ans il était l'auteur de sa nation qui avait le plus de goût. Il fit à cet âge des *Eglogues*, et un poëme sur la forêt de Windsor qu'on peut regarder comme les seules poésies véritablement pastorales qui aient été faites depuis Virgile. Il y régnait une harmonie, une amenité et une sagesse qu'on ne connaissait point dans la poésie anglaise. Il donna, peu de tems après, l'*Essai sur la critique*, poëme qui ,dans son genre est inférieur à l'Art poétique de Despréaux. On y trouve des transitions qui, à la vérité , servent à la clarté, mais qui nuisent à la chaleur. Les matieres y sont distribuées avec ordre, et la liaison naturelle des idées doit dispenser dans un poëme de l'art des transitions. Il y a dans cet Essai une foule de pensées neuves et fécondes; il peut être le germe de plusieurs bons livres.

Pope, admirateur d'Homere , entreprit la traduction de l'Iliade. Ce poëme a long-tems été décrié en France par des hommes incapables de saisir d'un coup-d'œil le plus grand tableau qu'on ait présenté à l'imagination , et de sentir les groupes ou sublimes ou agréables dont ce tableau est embelli. Pope en a fait passer les beautés dans la langue anglaise, et les savans ne trouvent gueres à reprendre dans sa traduction qu'un peu trop de symétrie dans les tours. Cependant les premiers essais de Pope lui attirerent les éloges de beaucoup d'hommes de lettres, qui l'éleverent au-dessus de ses rivaux, parce que ses rivaux étaient les leurs. L'éclat que son Iliade ajoutait à sa gloire fit changer leurs éloges en critiques, et les seuls hommes supérieurs oserent l'admirer et le dire.

Dryden était mort depuis quelques années, et Pope hérita des injures dont on avait accablé Dryden. Il fut long-tems peu sensible à cette persécution; elle redoubla, on attaqua son caractere, ses mœurs, sa famille, ses amis. On supposa des faits, on inventa les plus noires calomnies; on ne put l'avilir, mais on l'irrita. Il fit *la Dunciade*, poëme où il couvre d'un ridicule éternel ses méprisables ennemis. Tout ce qu'il n'estimait pas l'accusa d'envie, mais il a prouvé qu'il n'était pas envieux, Il a aimé et loué les grands hommes de son tems. Il fit l'*Essai sur l'homme* et plusieurs satyres ou discours sur les mœurs. Ces ouvrages respirent la haïne du vice, la candeur et l'humanité. On y voit la connaissance la plus profonde du cœur humain, et les principes d'une saine morale.

L'*Essai sur l'homme* attira de nouveaux ennemis à Pope, et l'envie prit le masque de la religion. En France on le traita d'athée, et les jansénistes surtout se déchaînerent contre un poëme admirable qui nous inspire de la bienveillance pour tous les hommes et de la confiance en Dieu.

Pope avait eu toute sa vie une mauvaise santé, il supporta ses maux avec courage, et il mourut dans les sentimens de confiance et de piété qu'il avait eus pendant sa vie. Il fut regretté de ses amis et surtout de mademoiselle Blount qu'il aimait beaucoup, et dont le cœur dut bien le consoler de l'injustice de hommes. Quelquefois il portait trop loin la plaisanterie. Il était un peu colere, trop prompt à dire du mal, et toujours prêt à faire du bien.

Milord Bolingbroke fit, peu de tems après, une perte qui lui fut plus sensible. Milady Bolingbroke, après avoir langui pendant quelques années, mourut en 1750. Il la pleura le reste de ses jours, qui ne furent pas de longue durée, et il mourut en 1751.

Il s'est écoulé si peu de tems depuis la mort de milord Bolingbroke, que la réputation de son caractere et le prix de ses ouvrages ne peuvent être fixés dans sa patrie.

Le parti de la cour censure encore avec aigreur sa conduite et ses écrits, et le parti de l'opposition le loue peut-être avec excès.

Il semble que ce soit aux étrangers à lui rendre justice, et à prévenir le jugement de la postérité.

Il fut un grand homme; il faut jetter des fleurs sur son tombeau, mais il ne faut pas lui dresser des autels. Il était difficile dans l'amitié, et ne se croyait pas aimé, s'il ne subjuguait pas; mais il fut toujours un homme vrai. Il connut trop peu la tempérance dans les plaisirs, et il eut rarement du sang-froid dans les affaires. On l'a souvent comparé à Cicéron; il eut peut-être autant d'esprit et de lumieres, mais il fut plus souvent emporté par son caractere. L'imagination l'a trop dominé; elle lui a fait mettre plus de chaleur que d'ordre dans ses écrits, et trop de passion dans les petites choses. Fécond en moyens, en vues, en ressources, faute de sang-froid, il ne vit pas toujours ce qui convenait le mieux aux circonstances. Passionné comme Cicéron pour la gloire, il eut moins que lui les petitesses de la vanité, mais il avait une fermeté dans son orgueil qui ne lui permettait pas toujours de céder dans l'espérance d'un grand bien.

Son éloquence a quelque chose de plus énergique et de plus mâle que celle de l'orateur romain; l'un et l'autre ont abusé quelquefois du talent de bien dire. L'Anglais est plus sujet à ce défaut; il dit trop ce qui a été dit, parce qu'il le dit mieux qu'on ne l'a dit encore.

Le mérite de l'éloquence de Cicéron tient plus à l'ordre et à la justesse de ses pensées, à l'élégante propriété de ses expressions; l'un et l'autre de ces orateurs ont aimé leur patrie et ont consacré leurs jours à la servir; l'un et l'autre voulaient le bien : mais je crois que Cicéron voyait mieux, et peut-être milord Bolingbroke voyait-il quelquefois comme un mal le bien qui était l'ouvrage des autres. Cicéron ne voulait qu'être libre; Bolingbroke voulait gouverner, et ne connut pas dans la disgrace toute son ambition. S'il était redevenu ministre, il aurait partagé ses soins entre le bonheur de sa nation et le choix de ses plaisirs. Il doit être estimé dans tous les tems pour avoir été du petit nombre des hommes d'Etat, qui ont pensé que les grandes places n'étaient pas incompatibles avec les vertus, et que la vérité et la bonne foi sont les meilleures preuves qu'un ministre puisse donner de sa capacité. Son exemple et ses ouvrages, malgré leurs erreurs, seront toujours utiles aux Anglais; et tant qu'ils aimeront la liberté, ils se souviendront de Bolingbroke, et ils respecteront sa mémoire.

ESSAI

ESSAI

SUR LA VIE

D'HELVÉTIUS.

AVERTISSEMENT.

CETTE *Vie d'Helvétius* a été imprimée pour la premiere fois à la tête d'un poëme *du Bonheur*, où il y a quelques grandes beautés, mais qui n'est pas un bon poëme. On l'a imprimée depuis à la tête des nouvelles éditions du Livre *de l'Esprit :* on la donne ici comme un hommage rendu à l'amitié et au mérite.

ESSAI
SUR LA VIE
ET
LES OUVRAGES
D'HELVÉTIUS.

L E bonheur est l'objet des desirs de tous les hommes, et non pas de leurs réflexions. En le cherchant sans cesse, ils s'instruisent peu des moyens de l'obtenir ; et il ne leur a fait faire jusqu'à présent que quelques maximes, quelques chansons, et peu d'ouvrages.

Les philosophes de l'antiquité s'occupaient de cet objet important; mais ils ont donné plus de phrases que d'idées. Il y a bien de l'esprit dans les Traités *de vitâ beatâ*, *de tranquillitate animi*, de Séneque, et très-peu de philosophie.

Les moralistes modernes, soumis à la superstition, qui ne peut régner sur l'homme qu'autant qu'elle le rabaisse et l'épouvante, ont fait la

satyre de la nature humaine, et non son histoire;
ils promettent de la peindre , et ils la défigurent:
ils exilent le bonheur dans le ciel, et ne sup-
posent pas qu'il habite sur la terre. C'est par
le sacrifice des plaisirs qu'ils nous proposent de
mériter ce bonheur, qu'ils ont placé au-delà
de la vie. Chez eux le présent n'est rien , l'avenir
est tout ; et dans les plus belles parties du monde,
la science du salut a été cultivée aux dépens de
la science du bonheur.

Quelques philosophes modernes ont fait de
petits Traités sur le bonheur ; les plus célebres
sont ceux de Fontenelle et de Maupertuis.

Fontenelle n'était pas encore philosophe quand
il a fait son Traité. Il ne savait pas alors généra-
liser ses idées ; il repand dans son ouvrage quelques vérités utiles et finement apperçues : mais il
arrange son systême pour son caractere, ses
goûts et sa situation. Dans ce systême , les ames
sensibles ne trouvent rien pour elles. Il apprend
peu de choses sur la maniere de rendre le bonheur
plus général, et nous dit seulement comment
Fontenelle était heureux.

Maupertuis, esprit chagrin et jaloux, malheureux, parce qu'il n'était pas le premier homme
de son siecle; Maupertuis, avec le secours de

deux ou trois définitions fausses, en donnant nos desirs pour des tourmens, le travail pour un état de souffrance, nos espérances pour des sources de douleur, nous représente comme accablés sous le poids de nos maux. Selon lui, l'existence est un mal; et en parlant du bonheur, il paraît tenté de se pendre.

Après ces raisonneurs, et d'autres dont nous ne parlerons pas, on doit entendre avec plaisir un vrai philosophe, un homme aimable, aimé et heureux, parler du *bonheur;* et nous pensons que le public ne verra pas sans intérêt le poëme imparfait que nous lui présentons.

On y trouve une saine philosophie, quelques tableaux sublimes, de l'énergie et des vers heureux.

Si le plan ne se trouve pas exactement rempli, s'il y a des négligences dans les détails, beaucoup de tours, et d'expressions prosaïques, si l'harmonie n'est pas assez variée et assez vraie, ces défauts sont souvent expiés par le fonds des idées.

Une partie de ces défauts se trouve dans le poëme de Lucrèce; et cependant il a franchi avec gloire le long espace de vingt siecles.

Lucrèce et Helvétius sont morts avant d'avoir achevé leurs poëmes.

Nous espérons que le Français sera traité avec une partie de l'indulgence que le Romain a obtenue de son siecle et de la postérité. Il l'a méritée par cet amour de l'humanité, ce desir du bonheur des hommes qui est répandu dans cet ouvrage, comme dans le livre de l'*Esprit*, et qui anima l'auteur dans tout le cours de sa vie.

Claude-Adrien Helvétius naquit à Paris au mois de janvier 1715, de Jean-Adrien Helvétius et de Gabrielle d'Armancourt. Sa famille, originaire du Palatinat, y fut persécutée du tems de la réforme, et s'établit en Hollande, où plusieurs d'entr'eux ont possédé des emplois honorables. Le bisaïeul d'Helvétius, premier médecin des armées de la république, mérita qu'elle fît frapper des médailles en l'honneur des services qu'il lui avait rendus.

Le fils de cet homme illustre vint à Paris fort jeune. Il y fut connu sous le nom du *médecin hollandais*, et nous lui devons l'ipécacuanha; il avait appris l'usage de cette racine d'un de ses parens, gouverneur de Batavia; il s'en servit avec beaucoup de succès à Paris et dans nos armées.

Louis XIV, dont les graces étaient si souvent
ce que doivent être les graces des rois, c'est-à-
dire, des récompenses, lui donna des lettres
de noblesse et la charge d'inspecteur général des
hôpitaux. Il mourut à Paris en 1727, regretté
des pauvres et des gens de bien.

Un de ses fils, héritier de ses talens, cultiva,
comme lui, la médecine avec gloire. Il était
jeune encore lorsqu'il sauva le roi régnant d'une
maladie dangereuse, dont ce prince fut attaqué
à l'âge de sept ans. Il fut depuis premier médecin de la reine, et mérita la confiance et les
bontés de cette princesse. Il fut à Versailles
l'ami de toutes les maisons dont il était le médecin. Il recevait chez lui un grand nombre
de pauvres, et allait voir assidument ceux que
leurs infirmités retenaient chez eux.

Il aimait beaucoup sa femme, qui était belle
et attachée à son mari comme à tous ses devoirs.
Ils aimerent tendrement leur fils, et s'occupe-
rent également de son éducation et du soin de
rendre son enfance heureuse. Il n'avait pas cinq
ans lorsqu'ils le confierent à Lambert, homme
sage et sensible qui vit encore, et pleure son
éleve.

Il n'y avait point de travail que l'envie de
plaire à un tel précepteur, ne fît entreprendre

au disciple. Il eut de bonne-heure le goût de la
lecture. Il est vrai qu'il n'aima d'abord que les
contes de fées et des livres où régnait le mer-
veilleux. Mais il leur associa bientôt la Fontaine,
et même Despréaux dont les ouvrages charment
les hommes de goût, mais ne devraient pas
charmer l'enfance.

On venait de mettre le jeune Helvétius au
college, lorsqu'il lut l'Iliade et Quinte-Curce.
Ces deux lectures changerent son caractere. Il
était fort timide, il devint audacieux. Son goût
pour l'étude fut suspendu pendant quelque tems.
Il voulait entrer au service et ne respirait que
la guerre.

D'abord le despotisme de ses régens, leur ton
menaçant et la contrainte le révolterent. Les
occupations minutieuses dont on le surchargeait
le dégoûterent. Il ne fit que des progrès médiocres. Mais parvenu à la rhétorique, le P. Porée,
son régent dans cette classe, s'apperçut que cet
écolier était très-sensible aux éloges. En louant
ses premiers efforts, il lui en fit faire de plus
grands.

Les amplifications étaient à la mode au college. Le pere Porée trouva dans celles d'Helvétius
plus d'idées et d'images que dans celles de ses
autres disciples. Dès ce moment, il lui donna

une éducation particuliere. Il lisait avec lui les meilleurs auteurs anciens et modernes , et lui en faisait remarquer les beautés et les défauts. Ce pere n'écrivait pas avec goût ; mais il avait d'excellens principes de littérature. C'était un bon maître et un méchant modele. Il avait surtout le talent de connaître la mesure d'esprit et le caractere de ses éleves , et la France lui doit plus d'un grand homme dont il a deviné et hâté le génie.

La premiere jouissance de la gloire, en augmente l'amour. Le jeune Helvétius comblé d'éloges dans les exercices publics de son college , voulut réussir dans tout ce qui pouvait être loué. Il avait d'abord détesté la danse et l'escrime. Il excella depuis dans ces deux arts. Il a même dansé à l'opéra sous le nom et le masque de Iavillier, et a été très-applaudi.

Son émulation qui s'étendait à tout, ne prit jamais le caractere de l'envie. Il aimait ses jeunes rivaux ; il avait gagné leur confiance. Ils étaient sûrs de sa discrétion dans ses petits complots que la sévérité des maîtres et le besoin du plaisir rendent si communs parmi les jeunes gens.

Il était encore au college , lorsqu'il connut le livre de l'*Ententement humain*. Ce livre fit une révolution dans ses idées. Il devint un zélé disciple de Locke, mais disciple, comme Aristote l'a été de Platon, en ajoutant des découvertes à celles de son maître.

Il porta dans l'étude du droit, l'esprit philosophique que Locke lui avait inspiré. Il cherchait dès-lors les rapports des lois avec la nature et le bonheur des hommes.

Son pere dont la fortune était médiocre et qui avait encouru la disgrace du cardinal de Fleuri par son attachement à M. le duc, le destinait à la finance, comme à un état qui pouvait l'enrichir et lui laisser le tems de faire usage de ses talens. Il l'envoya chez M. d'Armancourt, son oncle maternel et directeur des fermes à Caën. Là, Helvétius fut occupé des lettres et de la philosophie, plus que de la finance, et plus occupé des femmes que des lettres et de la philosophie. Il apprit cependant en peu de tems et presque sans y songer, tout ce que doit savoir un financier.

Il avait 23 ans, lorsque la reine qui aimait M. et Mme Helvétius, obtint pour leur fils une place de fermier général. Il n'eut d'abord que le titre et une demi-place : mais M. Orri lui donna bientôt la place entiere. C'était lui donner 100,000 écus de rentes. Ses parens emprunterent les fonds qu'un fermier général doit avancer au roi, et ils exigerent de leur fils qu'il prendrait sur les produits de sa place les rentes et même les remboursemens de ces fonds.

Il avait deux passions qui pouvaient déranger le financier le plus opulent, l'amour des femmes, et l'envie de faire du bien. Mais il avait de l'ordre et de la probité. Au milieu de tant de moyens de jouir, il sut jouir avec sagesse. Il destina d'abord les deux tiers de ses revenus au remboursement de ses fonds. Le reste fut consacré aux dépenses que son âge et la noblesse de son cœur lui rendaient nécessaires.

Il avait cherché au sortir de l'enfance à se lier avec les hommes célebres dans les lettres. Marivaux était de ce nombre. Cet homme qui a mis dans ses romans tant d'esprit, de sentiment et de verbiage, était souvent agréable dans la conversation. Il méritait des amis par la délicatesse de son ame et la pureté de ses mœurs. Helvétius lui fit une pension de 2,000 francs. Marivaux, quoiqu'un excellent homme avait de l'humeur et devenait aigre dans la dispute. Il n'était pas celui des amis d'Helvétius pour lequel celui-ci avait le plus de goût. Mais du moment qu'il lui eut fait une pension, il fut celui de ses amis pour lequel il eut le plus d'attentions et d'égards.

Le fils de Saurin de l'académie des sciences, n'avait encore donné aucun des ouvrages qui lui ont fait de la réputation. Mais il était connu des gens de lettres comme un esprit étendu, juste et profond qui avait des connaissances variées, de la vertu et du goût. Il n'avait alors pour subsister qu'une place qui ne convenait point à son caractere. Il reçut d'Helvétius, une pension de mille écus qui lui valut l'indépendance, le loisir de cultiver les lettres, et le plaisir de sentir et de publier qu'il devait son bonheur à son ami. Ce digne ami, lorsque M. Saurin voulut se marier, l'obligea d'accepter les fonds de la pension qu'il lui faisait.

Il cherchait partout le mérite pour l'aimer et le secourir. Quelque soin qu'il ait pris de cacher ses bienfaits, nous pourrions présenter une liste d'hommes connus qu'il a obligés. Mais nous croirions manquer à sa mémoire, si nous osions nommer ceux qui ont eu la faiblesse de rougir de ses secours.

Fontenelle était alors à la tête de l'empire des lettres. L'étendue de ses lumieres, sa philosophie saine, la sagesse de sa conduite, la variété de ses talens, l'enjouement de son esprit,

la facilité de son commerce, le rendaient agréable
à plusieurs sortes de sociétés. Son indifférence
même était utile à sa considération. Les ennemis de ses amis, sûrs de n'être pas ses ennemis, le voyaient avec plaisir. Il avait de plus
le mérite d'un grand âge, et celui d'avoir vu
ce siecle brillant dont notre siecle aime à s'entretenir. Sa mémoire était remplie d'anecdotes
intéressantes qu'il rendait plus intéressantes encore par la maniere de les placer. Ses contes
et ses plaisanteries faisaient penser. Les femmes,
les hommes de la cour, les artistes, les poëtes,
les philosophes aimaient sa conversation.

Helvétius faisait sa cour à Fontenelle. Il allait
chez lui, comme un disciple qui venait proposer ses doutes avec modestie. C'était avec
lui qu'il aimait à parler des Hobbes et des Locke.
Ce qu'il apprit surtout de Fontenelle, c'est le
talent, aujourd'hui trop négligé, de rendre
avec clarté ses idées.

Montesquieu n'était alors que l'auteur des
lettres Persanes. Mais dans cet ouvrage frivole
en apparence, et dans la conversation, Helvétius avait apperçu le guide des législateurs.
Montesquieu devina aussi quel homme serait
un jour son ami. Je ne sais, disait-il, si Helvétius

connaît sa supériorité; mais pour moi, je sens que c'est un homme au-dessus des autres.

La *Henriade*, poëme épique d'un genre tout nouveau, des tragédies qui balançaient celles de nos grands maîtres, l'histoire de Charles XII si supérieure à toutes les histoires écrites en France, des pieces fugitives qui faisaient oublier cette foule de riens agréables, si communs dans le siecle de Louis XIV, une philosophie lumineuse répandue sur plusieurs genres, beaucoup de génie, plusieurs sortes de mérite, attiraient sur Voltaire les regards de la France et de l'Europe. Personne n'a plus excité que lui l'admiration et l'envie. La partie du public qui ne se rend pas l'écho d'hommes de lettres jaloux, les jeunes gens qui dans leurs lectures cherchent de bonne foi, du plaisir ou des modeles, étaient ses admirateurs. Le reste à peu-près composait le nombre de ses ennemis. Son amour pour les lettres, son art de louer, sa raison, sa politesse, son envie de plaire, ne pouvaient calmer la rage de l'envie. Il cherchait à s'y dérober dans la retraite de Cirey. Helvétius alla l'y chercher. Il lui confia ses secrets les plus chers, c'est-à-dire, le dessein et les deux premiers chants de son poëme du *Bonheur*. Il trouva un critique plus éclairé que tous ceux qu'il avait consultés jusqu'à ce moment, et un ami zélé pour sa gloire.

On voit par plusieurs lettres de Voltaire, combien ce grand homme avait été frappé du génie d'Helvétius. « Votre premiere épître, lui dit-il, est pleine d'une hardiesse de raison bien au-dessus de votre âge, et plus encore de nos lâches écrivains, qui riment pour leurs libraires, qui se resserrent sous le compas d'un censeur royal envieux ou timide. Misérables oiseaux à qui on rogne les aîles, qui veulent s'élever, et tombent en se cassant les jambes. Vous avez un génie mâle; et j'aime mieux quelques-unes de vos sublimes fautes, que les médiocres beautés dont on veut nous affadir. »

Dans d'autres occasions, Voltaire donne à Helvétius des conseils excellens, et que nous rapporterons, parce qu'ils peuvent être utiles à quiconque veut écrire en vers.

« Je vous dirai en faveur des progrès qu'un si bel art peut faire entre vos mains : craignez en atteignant le grand de sauter au gigantesque. N'offrez que des images vraies ; servez-vous toujours du mot propre. Voulez-vous une petite regle infaillible ? la voici : quand une pensée est juste et noble, il faut voir si la maniere dont vous l'exprimez en vers, serait belle en prose, et si votre vers, dépouillé de la rime et de la césure vous paraît alors chargé d'un mot superflu; s'il y a dans la construction le moindre défaut, si une conjonction est oubliée; enfin, si le mot le plus propre n'est pas mis à sa place, concluez que votre diamant n'est pas bien enchâssé. Soyez sûr que des vers qui auront un de ces défauts ne se feront pas relire; et il n'y a de bons vers que ceux qu'on relit. »

Dans une autre lettre, Voltaire reprend Helvétius, qui lui avait dit trop de mal de Boileau. « Je conviens, dit-il, avec vous qu'il n'est pas un poëte sublime; mais il a très-bien fait ce qu'il voulait faire. Il a mis la raison en vers harmonieux et pleins d'images. Il est clair, conséquent, facile, heureux dans ses expressions : il ne s'éleve gueres, mais il ne tombe pas; et d'ailleurs ses sujets ne comportent pas cette élévation dont ceux que vous traitez sont susceptibles. Vous avez senti votre talent, comme il a senti le sien. Vous êtes philosophe; vous voyez tout en grand. Votre pinceau est fort et hardi; la nature vous a mieux doué que Despréaux : mais vos talens, quelque grands qu'ils soient, ne seront rien sans les siens. Je vous prêcherai donc éternellement cet art d'écrire que Despréaux a si bien connu

et

et si bien enseigné, ce respect pour la langue, cette suite d'idées, ces liaisons, cet art aisé avec lequel il conduit son lecteur, ce naturel qui est le fruit du génie. Envoyez-moi, mon cher ami, quelque chose d'aussi bien travaillé que vous imaginez noblement. »

Quelques hommes d'esprit, mais dont les idées n'étaient pas fort étendues, disaient souvent à Helvétius que la métaphysique, et en général la philosophie, ne pouvait être traitée en vers. Il n'était pas fait pour les croire; mais quelquefois il avait des doutes. Voltaire le rassurait.

« Soyez persuadé, lui disait-il, que la sublime philosophie peut fort bien parler le langage des vers. Elle est quelquefois poétique dans la prose du P. Mallebranche. Pourquoi n'acheveriez-vous pas ce que Mallebranche a ébauché ? c'était un poëte manqué; et vous êtes né poëte. »

Voltaire avait raison. Est-ce que Lucrèce chez les Romains, et Pope chez les Anglais, n'ont pas fait deux poëmes philosophiques et pourtant admirables ?

Des hommes peu éclairés, et quelques amis, peut-être jaloux, répétaient à Helvétius qu'il devait son tems à d'autres études qu'à celles de la poésie et de la philosophie. « Continuez, lui écrivait Voltaire, de remplir votre ame de toutes les connaissances, de tous les arts et de toutes les vertus. Ne craignez pas d'honorer le Parnasse de vos talens. Ils vous honoreront sans doute, parce que vous ne négligerez jamais vôs devoirs. Les fonctions de votre état ne sont-elles pas quelque chose de bien difficile pour une ame comme la vôtre ? Cette besogne se fait comme on regle la dépense de sa maison et le livre de son maître-d'hôtel. Quoi ! pour être fermier-général, on n'aurait pas la liberté de penser? eh ! Atticus était fermier-général. Les chevaliers romains étaient fermiers-généraux. Continuez donc, Atticus. »

Atticus continua. Il est d'usage que la compagnie des fermes envoie dans les provinces les plus jeunes des fermiers. Ils sont chargés de s'instruire des différentes branches des revenus, de veiller sur les commis, et de faire exécuter les ordonnances. Dans ces voyages qu'on appelle *tournées*, Helvétius visita successivement la Champagne, les deux Bourgognes, et le Bordelois, et nulle part il ne se fit une loi de donner toujours raison aux préposés de la ferme, et toujours tort au peuple. Il ne voulait point recevoir l'argent des confiscations; et souvent il dédommagea le malheureux ruiné par les vexations des employés. La ferme n'approuva pas d'abord tant de grandeur d'ame. Mais depuis, Helvétius ne fit de belles actions qu'à ses propres dépens, et les fermiers voulurent bien tolérer cette conduite.

Il eut le courage d'être souvent l'orateur du peuple auprès de sa compagnie et du ministre. On venait d'employer dans les salines de Lorraine et de Franche-Comté, une machine appelée *graduation*, qui diminuait la consommation du bois, mais aussi la qualité du sel. Helvétius proposa de détruire la machine, ou de diminuer le prix du sel. Il est aisé de juger qu'il ne put rien obtenir.

Il arrivait à Bordeaux lorsqu'on venait d'y établir un nouveau droit sur les vins, qui désolait la ville et la province. Il écrivit à sa compagnie contre le nouveau droit, et fut indigné des réponses qu'il reçut. Il lui échappa de dire un jour à plusieurs bourgeois de Bordeaux. « Tant que vous ne ferez que vous plaindre, on ne vous accordera pas ce que vous demandez. Faites-vous craindre. Vous pouvez vous assembler au nombre de plus de dix mille. Attaquez nos employés : ils ne sont pas deux cents. Je me mettrai à leur tête, et nous nous défendrons ; mais enfin vous nous battrez, et on vous rendra justice. »

Heureusement ce conseil de jeune homme ne fut pas suivi. Mais de retour à Paris, Helvétius appuya si bien les plaintes des Bordelois qu'il obtint la suppression de l'impôt.

Cependant il reprimait l'avidité des subalternes, il indiquait les moyens d'en diminuer le nombre, il proposait de donner plus de valeur aux terres du domaine; et c'est ainsi qu'il se rendait utile à la fois, à la ferme et à la nation. Ces services ne l'empêchaient pas d'éprouver quelquefois des dégoûts. Il avait affaire à de petits esprits, et il leur proposait de grandes vues; à des hommes endurcis par l'âge et par la finance, et il leur parlait d'humanité. Les malheureux qu'il soulageait, le commerce des gens de lettres, ses études et ses maîtresses, lui faisaient à peine supporter les inconvéniens de son état. Son pere qui avait fait de lui un fermier général, ne put jamais en faire un financier. Il avait remboursé ses fonds; et malgré ses dépenses en plaisirs et en bonnes œuvres, il se trouvait encore des sommes considérables. Il acheta des terres, et forma le projet de s'y retirer, pour s'y livrer entiérement aux lettres et à la philosophie. Mais il lui fallait une femme qu'il pût aimer, et que la retraite dans laquelle il voulait vivre ne rendrait pas malheureuse.

Chez madame de Graffigni si connue par le joli roman des lettres Péruviennes, il vit mademoiselle de Ligniville, et fut frappé de sa beauté et des agrémens de son esprit. Mais avant de songer à l'épouser, il voulut la connaître. Il la voyait souvent sans lui parler de ses desseins et du goût qu'il avait pour elle. Enfin après un an d'observation, il jugea que mademoiselle de Ligniville avait l'ame élevée sans orgueil, qu'elle supportait sa mauvaise fortune avec dignité, qu'elle avait du courage, de la bonté et de la simplicité. Il pensa qu'elle partagerait volontiers sa retraite et lui en fit la proposition qui fut acceptée. Mais avant de se marier, il voulut quitter la place de fermier-général.

Helvétius par complaisance pour son pere acheta la charge de maître-d'hôtel de la reine. Il n'était pas plus fait pour la cour que pour la finance. Il fut très-sensible aux bontés de la reine. Cette princesse aimait les gens d'esprit, et traita bien Helvétius, qui n'eut pas d'abord autant d'ennemis qu'il en méritait; on lui pardonna long-tems ses lumieres et ses vertus. Sa charge n'exigeait pas beaucoup de service et lui laissait l'emploi de son tems.

Il se maria enfin au mois de juillet 1751 , et partit sur le champ pour sa terre de Voré. Il y menait avec lui deux secrétaires qui lui étaient inutiles depuis qu'il n'était plus fer-mier-général ; mais il leur était nécessaire. L'un d'eux, nommé Baudot, était chagrin, caustique et inquiet. Sous le prétexte qu'il avait vu Helvétius dans son enfance, il se permettait de le traiter toujours comme un précepteur brutal traite un enfant. Un des plaisirs de ce Baudot était de discuter avec son maître la conduite, l'esprit, le caractere, les ouvrages de ce maître indulgent. La discussion ne finissait jamais que par la plus violente satyre. Helvétius l'écoutait avec patience, et quelquefois en le quittant, il disait à madame Helvétius. « Mais est-il possible que j'aie tous les défauts et tous les torts que me trouve Baudot. Non sans doute. Mais enfin j'en ai un peu : et qui est-ce qui m'en parlera, si je ne garde pas Baudot? »

Il n'était occupé dans ses terres que de ses ouvrages , du bonheur de ses vassaux et de madame Helvétius.

Il avait cessé depuis deux ans de travailler à son poëme. Cet ouvrage l'avait conduit à des recherches sur l'homme. Dès ses premieres médi-

tations, il avait entrevu des vérités nouvelles.
Ces vérités devinrent plus claires, et le conduisirent à d'autres ; et il était livré entiérement
à la philosophie, lorsqu'en 1755, il perdit son
pere. Je n'ajouterai qu'un mot à ce que j'ai dit
de ce médecin illustre. Il connaissait parfaitement son fils ; c'est-à-dire qu'il avait de grandes
lumieres, et qu'il était sans préjugés. Il vit avec
plaisir ce fils sacrifier une grande fortune à l'espérance de la gloire. Helvétius regretta beaucoup
un si excellent pere. Il refusa de recueillir sa
succession qu'il voulait laisser entiérement à sa
mere. Après de longues contestations, il obtint
qu'elle en conserverait la plus grande partie.
La mort de son pere était le premier malheur
qui jusqu'alors eût troublé sa vie heureuse, et
suspendu ses occupations. Il les reprit dès qu'il
en eut la force, et enfin en 1758, il donna le
livre de l'*Esprit*, dont je vais faire l'analyse.

Il commence par examiner ce qu'on entend
par le mot *esprit*. Il est tantôt la faculté de
penser, et tantôt la masse d'idées et de connaissances rassemblées dans la tête d'un homme.

Ces idées s'acquierent par l'impression des
objets extérieurs sur nos sens ; elles se conservent
par la mémoire, qui n'est que la premiere impression continuée, mais affaiblie. Ce don d'acque-

rir des idées par les sens et de les conserver par la mémoire, ne nous donnerait que des connaissances bornées, et nous laisserait sans arts, sans mœurs et sans police, si la nature nous avait conformés comme la plupart des animaux; c'est à nos mains flexibles que nous devons notre industrie; et sans cette industrie, occupés dans les forêts du soin de nous défendre, et de disputer notre subsistance, à peine aurions-nous formé quelques sociétés faibles ou barbares.

Les objets dont les sens nous transmettent les idées, ont des rapports avec nous et entr'eux. L'esprit humain s'éleve à la connaissance de ces rapports : voilà sa puissance et ses bornes. L'appercevance de ces rapports est ce qu'on appelle *jugement*.

Juger, c'est sentir.

La couleur que je nomme *rouge* agit sur mes yeux différemment de la couleur que je nomme *jaune*. L'idée de cette différence est un jugement; ce jugement est une sensation composée de sensations reçues dans le moment ou conservées dans la mémoire. Les notions même de force, de puissance, de justice, de vertu, etc., quand on les analyse, se réduisent à des tableaux placés dans l'imagination ou la mémoire.

Tout dans l'homme se réduit donc à sentir.

L'homme est sujet aux erreurs. Elles ont trois causes : les passions, l'ignorance et l'abus des mots.

Les passions nous trompent, parce qu'elles nous font voir les objets sous une seule face. Le prince ambitieux fixe son attention sur l'éclat de la victoire et sur la pompe du triomphe. Il oublie les inconstances de la fortune et les malheurs de la guerre.

La crainte présente des fantômes, et ne laisse point d'entrée à la vérité. L'amour est fertile en illusions. « Vous ne m'aimez plus, disait mademoiselle de Caumont à Poncet, vous croyez moins ce que je vous dis, que ce que vous voyez. »

L'ignorance est la cause des erreurs dans les questions difficiles. C'est faute de connaissances que la question du luxe a été si long-tems agitée, sans être éclaircie. De grands hommes en ont fait l'apologie, d'autres la satyre.

Sur l'abus des mots, troisieme cause de nos erreurs, Helvétius renvoie à Locke, et ne dit qu'un mot en faveur de ceux qui ne voudraient pas recourir au philosophe anglais. Il fait voir que les sens faux donnés aux mots, *espace*, *matiere*, *infini*, *amour-propre*, *liberté*, ont été les sources de beaucoup d'erreurs en métaphysique et en morale. La *matiere* n'est que la collection des propriétés communes à tous les corps. L'*espace* n'est que le néant ou le vide; considéré avec les corps, il n'est que l'étendue. Le mot *infini* ne donne qu'une idée, l'absence des bornes. L'*amour-propre* est un sentiment gravé en nous par la nature, et qui devient vertueux ou vicieux, selon la différence des goûts, des passions, des circonstances. La *liberté* de l'homme consiste dans l'exercice volontaire de ses facultés.

Passons au second discours.

L'esprit a plus ou moins l'estime du public, selon que les idées sont neuves, utiles et agréables. Ce ne sont pas leur nombre, leur étendue qui emportent notre estime; c'est le rapport qu'elles ont avec notre bonheur qui nous force à leur accorder notre hommage. Ainsi c'est la reconnaissance ou la vengeance qui louent, ou qui méprisent.

Les idées les plus estimables sont celles qui flattent nos penchans. Le premier des livres pour Charles XII, c'est la vie d'Alexandre; pour une femme sensible, c'est le poëte qui peint l'amour. C'est notre intérêt qui nous fait adopter ou rejeter l'opinion des autres.

Il est vrai qu'il y a sur la terre un petit nombre de philosophes conduits par l'amour du vrai, qui estiment de préférence les idées lumineuses : mais ces philosophes sont en si petit nombre, qu'il ne faut pas les compter. Le reste du genre humain n'estime que les idées qui flattent son opinion ou son intérêt. Un sot n'a que de sots amis. Auguste, Louis XIV, le grand Condé vivaient avec les gens d'esprit. Sous un monarque stupide, disait la reine Christine, toute sa cour l'est, ou le devient.

Lorsque la réputation d'un homme ou d'un ouvrage est établie, nous les louons souvent sans les estimer. Nous n'avons pas pour eux une estime sentie, mais une estime sur parole. Telle est l'estime générale pour Homere, que tout le monde loue, et qui n'est lu que des gens de lettres.

Chaque homme a de soi la plus haute idée, et n'estime dans les autres que son image, ou ce qui peut lui être utile.

Le fakir et le sybarite, la prude et la coquette se méprisent. Le philosophe qui vivra avec des jeunes gens sera l'imbécille, le ridicule de la société. L'homme de robe, l'homme de guerre, le négociant croient chacun sincérement que leur sorte d'esprit est la plus estimable.

Ainsi la grande société, la nation, se divise en petites sociétés, qui selon leurs occupations, leur rang, leur état, estiment la sorte d'esprit avec laquelle elles ont du rapport.

A la cour, on estime surtout les hommes du bon ton.

Si les petites sociétés n'estiment que l'esprit qui est plus près de leur esprit, le public n'accorde son estime qu'à l'esprit qui est utile au public.

En conséquence de cette vérité, l'esprit qui réussit dans les sociétés particulieres, réussit rarement dans le public.

Tel homme au contraire, tel ouvrage font honneur à la nation, et ne réussissent pas dans les sociétés particulieres.

Si le public ne rend aucun honneur à l'esprit médiocre, c'est qu'il n'est jamais d'aucune utilité. Si pourtant dans certaines circonstances des esprits médiocres devenus généraux ou ministres sont honorés, c'est qu'ils ont eu le bonheur d'être utiles.

Après la mort des hommes en place et des artistes, ceux-ci sont les plus honorés, parce que la postérité jouit de leurs travaux, et que les autres ne sont utiles qu'à leur siecle.

Certains esprits célebres dans quelques pays et quelques siecles, ne le sont point dans d'autres siécles et dans d'autres lieux. Les sophistes, les théologiens, si illustres autrefois, recueillent le mépris des premiers siecles éclairés. Les farces de Scarron réusissaient avant que l'on eût vu Moliere.

Il y a pourtant des idées qui plaisent dans tous les lieux et dans tous les tems : les unes sont instructives, les autres sont agréables. Il y en a des unes, et des autres dans Homere, Virgile, Corneille, le Tasse, Milton, qui ne se sont point bornés à peindre une nation ou un siecle, mais l'humanité. Il est peu d'hommes assez mal organisés pour être insensibles aux tableaux des grands objets et à l'harmonie. Les tableaux voluptueux qui rappellent les plaisirs des sens, et surtout ceux de l'amour, sont également du goût de tous les peuples. Les philosophes qui ont découvert des vérités utiles, ont l'estime de tous les siecles ; et dans tous les siecles, on aime les poëtes qui ont fait aimer la vertu. Mais qu'est-ce que la vertu ?

Dans les sociétés particulieres, on donne ce nom aux actions utiles à ces sociétés. L'homme qui veut dérober à la rigueur des lois un parent coupable, passe pour vertueux.

Le ministre qui refuse ses amis, ses parens,

les courtisans, pour leur préférer l'homme de mérite et le bien de l'Etat, doit avoir à la cour la réputation d'homme dur et peu honnête.

Dans les cours, on appelle prudence la fausseté, folie le courage de dire la vérité. On y donne le titre de bon au prince qui prodigue les trésors de l'Etat, le nom d'aimable au prince qui accorde à ses favoris, à sa maîtresse des emplois importans au bonheur de l'Etat.

Comment donc savoir si on est vertueux? Dirige-t-on toutes ses actions au bien du plus grand nombre ? On est vertueux. Oui, la vertu n'est que l'habitude de diriger ses actions au bien général. C'est en la considérant sous ce point de vue qu'on peut s'en former des idées nettes et précises que les moralistes n'ont point eues jusqu'à présent.

Les uns, à la tête desquels est Platon, n'ont débité que des rêves ingénieux. La vertu, selon eux, est l'amour de l'ordre, de l'harmonie, du beau essentiel. Les autres, à la tête desquels est Montaigne, prétendent que les lois de la vertu sont arbitraires, parce qu'ils voient qu'une action vicieuse au Nord, est souvent vertueuse au Midi. Les premiers pour n'avoir point consulté l'histoire, errent dans un dédale de mots. Les seconds pour n'avoir point médité sur l'histoire, ont pensé que le caprice décidait de la bonté ou de la méchanceté des actions humaines.

L'amour de la vertu n'est donc que le desir du bonheur général. Les actions vertueuses sont celles qui contribuent à ce bonheur. Les peuples les plus stupides, dans leurs coutumes les plus singulieres, ont en vue leur bonheur; et si dans certains pays, dans certains lieux, on honore des actions qui nous paraissent coupables, c'est que dans ces pays ces actions sont utiles. Le vol fait avec adresse était honoré à Sparte, parce que dans cette république toute militaire, et où il n'y avait point l'esprit de propriété, la vigilance et l'adresse étaient des qualités utiles. En Chine, où la population est excessive, il est permis au pere d'exposer ou de tuer ses enfans. Cette loi, si cruelle en apparence, prévient de plus grands maux, et par conséquent est utile. Enfin, c'est partout l'utilité qui rend les actions criminelles ou vertueuses.

Mais dans tous les pays on attache l'idée de vertu à des actions qui ne peuvent produire aucun bien. Oui, mais c'est qu'on est persuadé que ces actinos produisent un bien, soit pour ce monde, soit pour l'autre : et j'appelle ces habitudes, ces actions vertus de préjugé.

Ces habitudes n'ont été fondées que sur la préférence donnée à des sociétés particulieres sur la société générale : ce qui seul les rend vicieuses.

Quel bien font au monde et à la patrie les austérités des moines et des faquirs? De quelle utilité peut être la folie des Indiens qui se font dévorer par les crocodiles ?

Il est des crimes de préjugé, comme il est des vertus de préjugé ?

J'appelle crimes de préjugé des actions condamnées par l'opinion, quoiqu'elles ne nuisent à personne. Quel mal fait le Bramine qui épouse une vierge, et l'homme qui mange un morceau de bœuf plutôt qu'un morceau de poisson.

Les vertus de préjugé sont quelquefois des habitudes atroces ; comme la coutume des Giagues, de piler dans un mortier les enfans, pour en composer une pâte, qui selon les prêtres, rend les guerriers invulnérables.

Il y a peu de nations qui n'ait pour les crimes de préjugé plus d'horreur que pour les actions les plus nuisibles à la société, et plus d'estime pour les pratiques minutieuses et indifférentes que pour les actions utiles à l'Etat.

De

De ce qu'il y a des vertus réelles et des vertus de préjugé, il suit qu'il y a chez les peuples deux especes de corruption, l'une politique et l'autre religieuse (1). Celle-ci peut n'être pas criminelle quand elle s'allie avec l'amour du bien public, les talens, de véritables vertus.

La corruption politique prépare au contraire la chûte des empires. Le peuple en est infecté, lorsque les particuliers détachent leurs intérêts de l'intérêt général.

Cette corruption se joint quelquefois à l'autre. Alors les moralistes ignorans les confondent; mais elles sont souvent séparées. La corruption religieuse n'est souvent que l'amour du plaisir, et inspirée par la nature qu'elle satisfait sans la dégrader. La corruption politique est l'effet du gouvernement.

C'est dans la législation et l'administration des empires qu'il faut chercher la cause des vices et des vertus des hommes.

Les déclamations des moralistes ne font que satisfaire leur vanité, et ne produisent aucun

____

(1) Il y a des préjugés de différens genres, il y en a même de religieux qui sont nécessaires a la conservation des empires; et le changement des opinions amene autant la ruine des Etats, que la corruption des mœurs, etc.

Tome V.   Q

bien. Leurs injures ne peuvent changer nos sentimens, et nos sentimens sont l'effet de la nature ou des lois.

Il faut moins censurer le luxe, qui peut être nécessaire à un grand État, et la galanterie à laquelle les hommes peuvent devoir les arts, le goût et les vertus politiques, que l'institution qui fait de l'homme un lâche, un esclave, un fripon ou un sot.

Il est des moralistes hypocrites. Ce sont ceux qui voient avec indifférence tous les maux qui entraînent la ruine de leur patrie, et qui se déchaînent contre quelques excès dans la jouissance des plaisirs.

D'après les principes posés ci-dessus, on peut faire un catéchisme dont les préceptes seront clairs, vrais et invariables. Le peuple qui en serait instruit, ne serait infecté ni de vices politiques, ni de vertus de préjugé. Le législateur plus éclairé ne donnerait que des lois utiles, et les lois seraient respectées.

L'inexécution des lois prouve toujours l'ineptie du législateur. La récompense, la punition, la gloire, l'infamie sont quatre divinités qui peuvent répandre des vertus et créer des hommes illustres dans tous les genres.

Pour perfectionner la morale, les législateurs

ont deux moyens : l'un d'unir les intérêts particuliers à l'intérêt général ; l'autre de hâter les progrès de l'esprit. Mais pour hâter ces progrès, il faut savoir si l'esprit est un don de la nature ou l'effet de l'éducation.

C'est le sujet du troisieme discours.

Tous les hommes ont des sens assez bons pour appercevoir les mêmes rapports dans les objets ; ils ont les mêmes besoins, et ils auraient la même mémoire, s'ils avaient la même attention.

Tous les hommes bien organisés sont capables d'attention. Tous apprennent leur langue, tous apprennent à lire, et conçoivent au moins les premieres propositions d'Euclide. Cela suffit pour s'élever aux plus hautes idées, pourvu qu'ils veuillent faire des efforts d'attention ; et pour faire ces effors, il faut avoir des passions.

Ce sont les passions qui fécondent l'esprit et l'élevent aux grands idées ; ce sont elles qui ont formé et conduit Lycurgue, Alexandre, Epaminondas, etc. ; ce sont elles qui ont inspiré les vastes projets, les moyens extraordinaires, les mots sublimes qui sont les saillies des ames fortement passionnées.

On devient stupide dans l'absence des passions.

Les princes montrent quelquefois de l'esprit pour s'élever au despotisme. Leurs desirs sont-ils remplis ? ils n'ont plus le courage de s'arracher aux délices de la paresse, et ils s'abrutissent dans leurs grandeurs.

Mais tous les hommes sont-ils susceptibles du même degré de passion ?

L'origine des passions est dans la sensibilité physique, dans l'amour du plaisir, et la crainte de la douleur, qui remue également tous les hommes.

L'avare, en se privant de tout, se propose de s'assurer les moyens de jouir des plaisirs et de se dérober aux maux. L'ambitieux a le même objet dans la poursuite des grandeurs. L'amour de la gloire et de la vertu n'est que le desir de jouir des avantages que la gloire et la vertu procurent.

Tous les hommes sont susceptibles de passion au même degré. Tous peuvent aimer avec fureur la gloire et la vertu ; tous ont donc la puissance de s'élever aux plus grandes idées et de faire de grandes choses.

Les hommes nés égaux déviennent différens par les lois et par l'éducation, qui doit préparer à l'obéissance et au respect pour les lois. L'éducation est trop négligée ; mais pour savoir bien ce qu'elle peut faire sur les esprits, il est important de fixer d'une maniere précise les idées qu'on attache aux divers noms donnés à l'esprit. C'est ce que nous allons voir dans le quatrieme discours.

Le nom de génie n'est donné qu'aux esprits inventeurs. Leur invention porte sur les détails ou sur le fond des choses. C'est le travail excité par les passions, et surtout par celle de la gloire, qui porte l'ame aux grandes méditations et fait trouver des vérités nouvelles, de nouvelles combinaisons. Les objets dont il est entouré, les circonstances où il est placé déterminent et bornent le génie.

L'imagination est l'invention des images, comme l'esprit est l'invention des idées; elle brille dans les descriptions, les tableaux. Les peintures sont ou grandes ou voluptueuses.

Le sentiment est l'ame de la poésie. L'auteur qui en est privé, est toujours en-deçà ou au-delà de la nature. Celui qui n'a que de l'esprit, s'éloigne toujours de la simplicité.

L'esprit n'est qu'un assemblage d'idées nouvelles, qui n'ont pas assez d'étendue ni d'importance pour mériter le nom de génie. Ainsi Machiavel et Montesquieu sont des génies; la Rochefoucauld et la Bruyere sont des hommes d'esprit.

Le talent est l'aptitude à un seul genre dans

lequel on ne porte qu'une invention médiocre.

L'esprit est fin quand il apperçoit de petits
objets et donne à deviner.

L'esprit est fort quand il produit des idées
propres à faire de fortes impressions.

Il est lumineux quand il rend clairement des
idées abstraites.

Il est étendu lorqu'il saisit un ensemble et
voit des rapports éloignés.

Il est pénétrant, profond, lorsqu'il voit
tout dans les objets.

Le bel-esprit tient plus au choix des mots
et des tours qu'au choix des idées.

L'esprit du siecle, l'esprit du monde est
frivole et porte sur de petits objets : *s'il s'oc-*
cupe un moment des grands hommes et des
ouvrages célebres, il cherche à les rabaisser.
C'est le dieu de la raillerie, qui considere avec
un ris malin et un œil moqueur le Panthéon,
l'église de Saint-Pierre, le Jupiter de Phidias.

Le génie, l'esprit sont les effets de la force
ou de la vivacité des passions. Le bon sens est
l'effet de leur modération ; il se borne presque
à l'esprit de conduite.

Mais il est, dit-on, des peuples qui paraissent
insensibles aux passions de la vertu et de la

gloire. Est-ce la faute du climat, est-ce celle du gouvernement ?

Dans leurs républiques, Horatius Coclès et Léonidas ne pouvaient être que des héros. Dans ces républiques, les hommes peu passionnés étaient du moins de bons citoyens.

Les républiques se corrompent, quand les honneurs et les plaisirs sont attachés à la tyrannie, à la puissance. Les mêmes hommes qui auraient été des Scipions et des Camilles, seront des Marius et des Catilina.

La considération est une gloire diminuée. Lorsqu'elle est attachée au crédit, elle fait des flatteurs et des intrigans. L'argent est-il plus honoré que la vertu ? On voit aux Cincinatus, aux Catons, succéder les Crassus et les Séjan. La plus haute vertu, le vice le plus honteux sont également l'effet du plaisir que nous trouvons à nous livrer à l'un ou à l'autre.

Il y a dans tous les hommes un desir secret d'être despote, parce que chaque homme a du plus au moins le desir de faire servir les autres à son bonheur.

Il ne faut pas toujours des talens et du courage pour établir la tyrannie ; il ne faut quelquefois qu'une audace commune et des vices. Le prince commence par diviser les ordres des citoyens, par répandre une sorte d'anarchie, par faire desirer à une partie de la nation l'abaissement de l'autre ; il fait ensuite briller le glaive de la puissance, met les vertus au rang des crimes, multiplie les délateurs, veut étouffer les lumieres, et proscrit également les Séneque et les Traséas.

Mais les despotes donnent à la soldatesque, qui leur est toujours devouée, les sentimens de sa force, et finissent par être ses victimes.

L'histoire des empereurs de Rome et de Constantinople, des sultans des Turcs, des Czars, etc. sont une preuve de cette vérité. L'homme le plus coupable de leze-majesté, est donc l'homme qui conseille à son prince de porter à l'excès et de faire trop sentir son autorité.

Les despotes, maîtres absolus des peuples qui n'osent les censurer, n'ont plus d'intérêt de s'instruire. Leurs ministres placés par l'intrigue, n'ont aucuns principes de justice, ni d'administration, aucune idée de vertu. Ainsi l'avilissement des peuples entretient l'ignorance et l'ineptie des princes et des ministres.

Il n'y a de vertus que dans les pays où la législation unit l'intérêt particulier à l'intérêt général. Dans ces pays où la puissance est partagée entre le peuple, les grands, les rois, la nécessité où se trouvent les citoyens de tous les ordres de s'occuper d'objets importans, la liberté qu'ils ont de tout penser et de tout dire, donnent aux ames de la force et de l'élévation.

Une petite ville de Gréce a produit plus de belles actions et de grands hommes, que tous les riches et vastes empires de l'Orient.

La force des passions est proportionnée aux récompenses qu'on leur propose. Les monceaux d'or du Mexique et du Pérou, en exaltant l'avarice des Espagnols, leur ont fait faire des prodiges. Les disciples de Mahomet et d'Odin, dans l'espérance de posséder les Houris ou les Valkiries, ont été avides de la mort. Partout où les lettres menent à la considération ou à la fortune, elles sont cultivées avec succès.

Le bon sens qui est l'effet des passions faibles, ne crée, n'invente, ne change, ni n'éclaire. Quand tout est dans l'ordre, il remplit assez bien les grandes places. Faut-il réformer des abus, il ne montre que de l'ineptie.

Il n'y a que le génie inspiré par les passions fortes qui fonde ou répare la constitution des empires.

Le goût est la connaissance de ce qui doit plaire à tous les hommes ou au public d'une certaine nation. On acquiert le goût de cette derniere sorte par l'habitude de comparer des jugemens. On acquiert le goût de la premiere sorte, qui est le vrai goût, par la connaissance profonde de l'humanité.

Pour réussir dans les arts, les sciences et les affaires, il faut d'abord être persuadé qu'on n'excelle pas dans plusieurs genres très-différens. Newton n'est pas compté parmi les poëtes, ni Milton parmi les géomêtres.

Il est plusieurs talens exclusifs. Il y a même certaines qualités, et même, si je l'ose dire, certaines vertus particulieres, exclues par certains talens. L'ignorance de cette vérité est la source de mille injustices. On vante la modération d'un philosophe, et on se plaint de son peu de sensibilité, sans faire attention qu'il ne doit qu'à l'état tranquille de son ame le talent de l'observation. On veut que l'homme de génie soit toujours sage, et on oublie que le génie est l'effet des passions rarement compatibles avec la sagesse.

On peut connaître, si on est né pour les grandes choses, à trois signes certains. 1°. Si on aime assez la gloire pour lui sacrifier toutes les autres passions. 2°. Si on admire vivement les belles actions ou les ouvrages consacrés par les suffrages de tous les siecles. 3°. Si on aime véritablement les grands hommes de son tems. Après avoir donné ces idées sur les différentes sortes de talens, l'auteur finit, comme il avait promis, par nous parler de la science de l'éducation, qui est la connaissance des moyens propres à former des corps robustes, des esprits éclairés, des ames vertueuses. Ces moyens dépendent absolument du gouvernement. Sous un mauvais gouvernement, la nature et l'éducation ne peuvent rendre les hommes, ni éclairés, ni vertueux, parce qu'ils veulent toujours leur bonheur, et que sous les tyrans les lumieres et la vertu ne conduisent point au bonheur.

Voilà un extrait fidele du livre de *l'Esprit*. Il s'est peu fait d'ouvrage où l'homme soit vu plus en grand et mieux observé dans les détails. M. Helvétius est le premier qui ait fondé la morale sur la base inébranlable de l'intérêt personnel. Il est celui des philosophes qui a le plus dissipé ces nuages, ces faux systêmes qui nous déguisent à nous-mêmes, et nous donnent de fausses idées de la vertu. Son livre est la production d'une ame vraiement touchée des malheurs qui affligent les grandes sociétés. Personne n'a mieux fait sentir sur quels principes il faut établir un gouvernement, et les inconvéniens de toute constitution politique, où les avantages du petit nombre sont préférés au bonheur du grand nombre. « Athéniens, disait Solon, vous serez si convaincus qu'il est de votre intérêt de suivre mes lois, que vous ne serez pas tentés de les enfreindre. »

Voilà ce que doivent dire tous les législateurs, et ce que leur prescrit Helvétius. Son livre a encore un avantage qui le met au-dessus de bien d'autres ; c'est le style. Il est partout clair et noble. Lorsque l'auteur parle d'une vérité nouvelle, ou abstraite, il n'est que simple et précis. A-t-il accoutumé votre esprit à ces idées neuves, son style prend de la majesté, de la force et des graces. A-t-il à vous présenter une de ces vérités qui intéressent plus particuliérement les hommes, il la pare des richesses de son imagination ; mais cette imagination, quoique soumise à la philosophie, l'égare quelquefois. Elle sert à rendre les vérités plus sensibles, et, pour ainsi dire, plus palpables. C'est dans la même vue qu'il répand dans son livre tant de contes plaisans ou intéressans. Ces contes sont des apologues ; et s'il les a un peu prodigués, il faut se ressouvenir qu'il écrivait en France, et qu'il parlait à un peuple enfant.

Lorsque cet ouvrage parut à Paris, les vrais philosophes l'estimerent ; les petits moralistes en furent jaloux ; les gens du monde, en attendant qu'il fût jugé, en parlerent avec dénigrement ; les hypocrites s'allarmerent, et avec raison. Une femme célebre par la solidité et les agrémens de son esprit, disait d'Helvétius : « C'est un homme qui a dit le secret de tout le monde. »

Les théologiens préparerent un plan de persécution qu'ils firent précéder par des critiques absurdes. On disait dans le journal Chrétien et dans des mandemens emphatiques : « Que le pernicieux livre de l'*Esprit*, était une vapeur sortie de l'abîme ; que l'auteur était un lion qui attaquait la vertu à force ouverte, un serpent qui tendait des embûches ; qu'il mettait l'homme au rang des bêtes, sans respect pour Origene, qui a dit expressément que l'homme opere par la raison et la bête par l'instinct ; que l'auteur a tort de parler de législation, attendu qu'on trouve dans l'évangile tout ce qu'il faut savoir là-dessus ; qu'il n'y a rien dans les livres sacrés, ni dans les SS. Peres de ce qui est contenu dans le livre de l'Esprit ; que l'amour de la gloire et l'amour de la patrie, doivent être condamnés comme passions, parce que toutes les passions sont les fruits du péché. »

D'autres théologiens aussi lumineux, disaient :

Que la philosophie des encyclopédistes et d'Helvétius répandait une odeur de mort qui infec-
terait toute la postérité, et que c'était une plante
maudite qui étoufferait d'âge en âge le bon grain
semé dans le champ du pere de famille.

Helvétius reçut d'abord toutes ces critiques
avec tranquillité; il ne pensa pas même à répondre
à des accusations si vagues et si absurdes. Comment l'aurait-il fait? Comment prouver, dit
Pascal, qu'on n'est pas une porte d'enfer? Il
eut quelqu'inquiétude lorsqu'il fut menacé d'une
censure de la Sorbonne. Il la vit paraître, et ne
la trouva que ridicule. Une suite de quelques-
unes des propositions condamnées par cette
Faculté, justifiera bien le mépris d'Helvétius.

« La sensibilité physique produit nos idées,
ou ce qui revient au même, nos idées nous
viennent par les sens.

« Le desir de notre bonheur suffit pour nous
conduire à la vertu. »

« C'est par de bonnes lois qu'on rend les
hommes vertueux. »

« La douleur et le plaisir font penser et agir
les hommes. »

« Il faut traiter la morale comme les autres
sciences, et faire une morale comme une physique expérimentale. »

« C'est à la différente maniere dont le desir du bonheur se modifie qu'on doit ses vices et ses vertus. »

« Les hommes ne sont point méchans, mais soumis à leurs intérêts. »

« Les actions vertueuses sont les actions utiles au public. »

« De tous les plaisirs des sens, l'amour est le plus vif. »

« Il faut moins se plaindre de la méchanceté des hommes que de l'ignorance des législateurs, qui ont toujours mis en opposition l'intérêt particulier et l'intérêt général. »

« Un sot porte des sottises, comme le sauvageon porte des fruits amers, etc. etc. »

Quelque tems après que cette censure eut paru, quelques prêtres, et le nommé Neuville, jésuite, prêcherent à Paris et à la cour contre le livre de l'*Esprit*.

La haine des molinistes et des jansénistes était alors dans la plus grande activité. Ces deux partis s'accusaient réciproquement de trahir les intérêts de la religion; et pour s'en justifier, les uns et les autres se piquaient d'un grand zele contre les philosophes. Les jansénistes avaient plus de crédit dans le parlement, et les molinistes à Versailles. Les jansénistes voulaient faire brûler l'auteur du livre, et les jésuites voulaient se faire honneur à la cour de le persécuter.

Il faut leur rendre justice, plusieurs d'entr'eux étaient amis d'Helvétius, autant que des jésuites peuvent être amis. Il avait menagé leur ordre, et dans son ouvrage, où il se moquait de tant de prédicateurs et de docteurs, il n'avait pas cité un seul jésuite. Ces peres lui en savaient gré; et d'abord ils parlerent de son livre avec modération; il lui donnerent même quelques éloges. Mais les jansénistes s'étant déclarés les persécuteurs d'Helvétius, les jésuites prirent bientôt de l'émulation. Le gazettier ecclésiastique se déchaînait contre lui. Bertier ne pouvait se taire avec bienséance. Enfin le parlement étant près de sévir, les jésuites furent humiliés de n'avoir point encore cabalé.

L'un d'eux, ami depuis 20 ans d'Helvétius, (et cette qualité m'empêchera de le nommer,) imagina qu'il ferait un honneur infini à lui et à son ordre, s'il pouvait faire retracter un philosophe. Il ourdit une intrigue contre son ami et son bienfaiteur, et la suivit avec l'activité et la perfidie affectueuse d'un prêtre de cour.

Il proposa d'abord à Helvétius de signer une petite rétractation qui devait, disait-il, lui ramener les bontés de la reine, et le préserver des fureurs jansénistes.

jansénistes. Helvétius consentit à répéter dans un écrit particulier ce qu'il avait dit dans sa préface, « que si contre son attente, quelques-uns de ses principes n'étaient pas conformes à l'intérêt du genre humain, il déclarait d'avance qu'il les désavouait; et que sans garantir la vérité d'aucune de ses maximes, il ne garantissait que la droiture et la pureté de ses intentions. »

Le jésuite se fit d'abord valoir d'avoir obtenu une espece de rétractation; mais il en voulait une plus précise, plus détaillée et surtout humiliante. Il inspirait à la reine la volonté de l'exiger. Il montrait à Helvétius la nécessité de s'y résoudre, et n'en pouvait rien obtenir. Il écrivait à madame Helvétius pour l'effrayer : mais il écrivait à une femme courageuse, déterminée à passer avec son mari et ses enfans dans les pays étrangers. Il réussit mieux auprès de la mere d'Helvétius. Elle fut persuadée que son fils devait à la reine les démarches que cette princesse lui demandait. Elle insista, et déchira long-tems le cœur d'Helvétius, sans pouvoir l'ébranler.

Il croyait s'être exprimé dans son livre avec une bienséance et une réserve qui devaient le mettre à l'abri de la censure. Et de plus, il s'était soumis à toutes les formalités juridiques. Il avait eu un censeur royal dont il avait respecté les juge-

mens. Comment donc pouvait-il être coupable?
Quand même son livre aurait été repréhensible,
on ne pouvait s'en prendre qu'au censeur ; et
c'est ce qu'on fit craindre à Helvétius. Il ne
pouvait soutenir l'idée qu'il allait être la cause
de la disgrace, peut-être même de la perte d'un
homme estimable ; et pour le sauver, il signa
ce qu'on voulut.

Ainsi, pour avoir démontré que l'unique
maniere de rendre les hommes vertueux et heureux, était d'accorder l'intérêt particulier à l'intérêt général, Helvétius fut traité comme Galilée
le fut pour avoir démontré le mouvement de
la terre. Galilée après avoir demandé pardon à
genoux, dit en se relevant : *E però si muove*.
La postérité a été de son avis ; et plus elle s'éclai-
rera, et plus elle pensera sur bien des choses
comme Helvétius.

On croit bien que sa soumission n'appaisa
pas les prêtres. Il reçut ordre de se défaire de
sa charge, et Tercier, son censeur, fut destitué
de sa place de premier commis aux affaires étrangeres. Ces rigueurs furent l'ouvrage des jésuites.
Les jansénistes voulaient aller plus loin. Le parlement qui assurément n'entendait pas le livre de
l'Esprit, allait poursuivre Tercier et Helvétius,
lorsqu'un arrêt du conseil qui se bornait à sup-
primer le livre, sauva l'auteur et le censeur.

Tandis qu'une secte de théologiens se ménageait le plaisir d'humilier Helvétius, et qu'un autre parti se flattait de l'espérance de le faire brûler, les journalises de France mêlerent leurs voix à celle de ces tigres. Ils traiterent le livre de l'*Esprit* comme ils traitent tout ouvrage qui s'éleve au-dessus du médiocre. Leurs critiques ont été répétées, et le sont encore par des hommes de bonne foi, qui n'ont de commun avec les journalistes que de ne pas entendre Helvétius.

On l'accusa de n'avoir rien dit que les anciens n'eussent dit avant lui. Sans doute plusieurs des vérités qui se trouvent dans son livre, se trouvent chez les anciens. Mais là, elles sont éparses, isolées, sans qu'on ait apperçu les rapports qui sont entr'elles. Dans Helvétius au contraire, elles sont liées, elles s'appuient et forment le systême de l'homme.

Cette vérité, *toutes nos idées nous viennent des sens*, se trouve dans Aristote et dans Epicure : mais ce n'est que dans Locke qu'elle est développée, démontrée, et qu'elle fonde la connaissance de l'esprit humain ; par conséquent, c'est à Locke qu'elle appartient.

Ce qui est vice au Nord, est vertu au Midi. est dans Montaigne comme dans Helvétius ; mais dans Montaigne cette vérité est donnée comme un phénomene, dont on ignore la cause ; dans Helvétius la cause en est assignée. Les vérités appartiennent moins à ceux qui les proferent comme de simples assertions, qu'à ceux qui les démontrent, les développent, les lient à d'autres vérités et les rendent plus fécondes.

On accusa Helvétius de manquer de méthode. On a fait le même reproche à Montesquieu ; et ce reproche n'a été fait que par des hommes dont la tête, faute d'attention ou de capacité, n'a pas saisi l'ensemble du livre de *l'esprit*, ou de *l'Esprit des lois*.

La chaîne des idées échappe dans Montesquieu, parce qu'il est obligé d'omettre souvent les idées intermédiaires ; mais cette chaîne n'existe pas moins. Elle échappe dans Helvétius, parce que les idées intermédiaires étant ou très-neuves ou très-importantes, il les développe, il les étend, il les embellit. Alors l'esprit frappé de plusieurs détails, perd de vue la suite des idées principales ; mais cette suite n'est pas moins dans l'ouvrage.

On osa dise qu'Helvétius anéantissait toutes les vertus, parce qu'il faisait de l'intérêt le mobile de toutes les actions. Mais qu'est-ce qu'Helvétius entend par le mot d'intérêt ? l'amour du plaisir, l'aversion de la douleur. A quoi se réduit donc ce qu'il dit ? à cette vérité éternelle, « que soit dans la vertu, soit dans les plaisirs, le desir de notre bonheur est toujours notre mobile. »

On l'accusa aussi de favoriser la corruption des mœurs et le libertinage, parce qu'il parle de l'enthousiasme de vertu et de gloire, que l'amour des femmes a souvent inspiré chez les Spartiates, chez les Samnites et chez nos ancêtres.

On voit cependant dans les principes d'Helvétius, que si le libertinage régnait chez un peuple, les femmes y seraient trop peu estimées pour que le desir de leur plaire devînt un mobile puissant, et que quand les plaisirs sont communs ou faciles, on ne les achete ni par des travaux ni par des dangers.

On blâme Helvétius de parler froidement des vertus privées et seulement utiles à de petites sociétés. Ce n'est pas qu'il ne sentît l'estime qui leur est due ; il les possédait toutes. Mais elles sont moins son objet que les vertus qui contribuent au bonheur et à la gloire des nations ; et quand ces grandes vertus sont une fois établies par des bonnes lois, les autres en deviennent la suite nécessaire.

Ce que le commun des lecteurs a le moins pardonné à Helvétius, c'est d'avoir prétendu que tous les hommes naissaient avec la même disposition à l'esprit, et qu'il n'y avait pas d'homme que l'éducation et le travail ne pussent élever au rang de génie. Selon lui, c'est l'éducation seule qui distingue les hommes. La nature les a fait égaux. Il compte pour rien les différences du tempérament, de la constitution physique. Il suppose que l'organe intérieur qui reçoit les sensations, est le même dans toutes les têtes, qu'il reçoit ces sensations de la même maniere, qu'il opere dans tous avec la même facilité, et qu'enfin les circonstances seules et l'éducation ont fait Newton géomètre, Homere poëte, Raphaël peintre, et tel critique un sot. Il emploie toutes ses forces pour établir cette opinion ; et il faut convenir que jusqu'à présent il ne l'a pas persuadée. Mais des efforts qu'il fait pour la prouver, il résulte l'évidence d'une très-grande vérité : c'est qu'en général pour étendre et former nos talens, nos qualités, nous comptons trop sur la nature, et pas assez sur l'éducation.

Cette maxime de Locke, que nous naissons les disciples des objets qui nous environnent, est mise dans tout son jour par Helvétius. Il faut dire encore que si chaque homme n'est pas né avec les mêmes dispositions qu'un autre homme, les hommes considérés en masse, sont réputés égaux. Le législateur qui commande à vingt millions d'hommes doit voir à tous les mêmes facultés ; et ses lois , comme celles de la nature, doivent être générales. Elles ne doivent choisir personne pour inspirer à lui seul la vertu ou le génie. C'est au philosophe qui observe les hommes dans le détail, à voir les différences que la nature a mises entr'eux; mais ces différences s'anéantissent aux yeux du législateur.

Sans m'arrêter davantage aux critiques faites contre l'un des meilleurs ouvrages de ce siecle, je dirai qu'il fut condamné à Rome par l'Inquisition ; mais que cette condamnation sollicitée par le clergé de France, n'eut aucun effet en Italie. Le livre y fut traduit, admiré et réimprimé. Plusieurs hommes revêtus des premieres dignités de l'église , et entr'autres le cardinal Passionei , s'empresserent d'écrire à l'auteur pour le remercier du plaisir qu'il leur avait donné. Un autre cardinal que nous ne nommons point , parce qu'il vit encore, lui mandait *qu'on ne concevait pas à Rome la sott se et la méchanceté des prêtres français.* Tous les journaux d'Italie le comblerent d'éloges.

R 4

L'un dit en parlant du livre *questa è un opra che all'umanità apporterà infallibilmente un grand vantaggio*. Un autre dit de l'auteur. *Il grande Autore deé rallegrarsi, essendo sicuro della gratitudine, et della stimà che per lui avranno i veri dotti, e quelli che ben comprendono le di lui grande idèe.*

Le succès fut le même en Angleterre. Traduit à Londres, il s'en fit plusieurs éditions dans la premiere année. En Ecosse Hume et Robertson en parlerent comme d'un ouvrage supérieur. Plusieurs poëtes anglais le célébrerent. Il n'eut de critiques dans cette île éclairée que celles d'un petit nombre de partisans que s'y conserve la philosophie de Platon, embellie et rendue spécieuse par milord Shafsterburi.

En Allemagne, il parut d'abord deux traductions du livre d'Helvétius. Le fameux Gottscheid mit à la tête d'une de ces traductions une préface dans laquelle il dit, que si le livre de *l'Esprit* a été condamné en France et dans un pays qui croit à l'infaillibilité du pape, il doit réussir chez les protestans et dans les pays où les hommes ont conservé leurs droits. Il ajoute «que l'auteur vient de détruire plusieurs préjugés funestes à sa patrie ; et qu'il éclaire le monde sur les principes de la morale et de la législation. »

Son livre fut lu avec avidité dans toutes les cours d'Allemagne, et il fut reçu avec les mêmes transports en Suéde et jusqu'en Russie. La reine de Suéde disait à un homme qu'elle honorait de sa confiance. « Que je voudrais m'entretenir avec M. Helvétius ! je voudrais au moins qu'il sût le plaisir qu'il me donne. Ecrivez-lui de ma part combien je l'admire. »

L'ambassadeur de France à Pétersbourg lui écrivait. « J'ai trouvé en arrivant l'esprit russe aussi occupé du vôtre que tout le reste de l'Europe. Et c'est avec un grand plaisir que je me charge d'être l'interprète des gens éclairés de cette nation. Je prends la liberté de m'étendre avec eux sur vos qualités. Comme citoyen et comme ministre, je dois connaître et faire connaître tout ce qui honore ma patrie. »

Le petit nombre de Français dont les suffrages méritent d'être comptés, citaient le livre de *l'Esprit* avec éloge dans leurs ouvrages et le défendaient avec chaleur dans la conversation. Voltaire donnait à Helvétius les témoignages les plus flatteurs de son estime.

> Vos vers semblent écrits par la main d'Apollon :
> Vous n'en avez pour fruit que ma reconnaissance,
> Votre livre est dicté par la saine raison.
> Partez vîte, et quittez la France.

Voltaire lui offre un asyle; il le console, il le soutient, il l'encourage. Il lui souhaite et lui propose de vivre dans une entiere indépendance, où il puisse faire usage de son amour pour la vérité, de son éloquence et de son génie.

Il écrit en même tems à d'autres personnes, qu'il est le partisan le plus zélé d'Helvétius; que notre nation est bien ridicule, et que sitôt qu'il paraît une vérité parmi nous, tout le monde est allarmé, comme si les Anglais faisaient une descente. Il ajoute qu'en Angleterre le livre de l'*Esprit* n'aurait fait à son auteur que des disciples et des amis; parce qu'au lieu d'hypocrites et de petits importans, les Anglais n'ont que des philosophes qui nous instruisent, et des marins qui nous donnent sur les oreilles. Il invite surtout ses compatriotes à imiter les Anglais dans leur noble liberté de penser, le profond mépris pour les fadaises de l'école. Il assure que depuis long-tems il n'a pas vu un seul honnête homme qui, sur les choses essentielles, ne pensât comme Helvétius.

Tant de suffrages illustres, les éditions du livre de l'*Esprit* qui se succédaient rapidement, son succès chez toutes les nations, le témoignage que l'auteur pouvait se rendre d'avoir fait un livre utile au genre humain, les signes éclatans

de la reconnaissance universelle, le doux sentiment de sa gloire, guérirent bientôt les blessures qu'avaient faites à Helvétius la cabale et
l'envie. Il fut plus heureux que jamais.

Il passait la plus grande partie de l'année à sa
terre de Voré. Bon mari et bon pere, content
de sa femme et de ses enfans, il y goûtait tous
les plaisirs de la vie domestique. Le bonheur
de cette famille était remarqué de ceux même
qui étaient le moins faits pour le sentir. Une
femme du monde disait en parlant d'eux : Ces
gens-là ne prononcent point comme nous les
mots de mon mari, ma femme, mes enfans. »

Helvétius s'était préparé depuis long-tems une
autre source de bonheur. A peine avait-il été
possesseur de sa terre de Voré, qu'il s'y était
livré à son caractere de bienfaisance.

Il y avait dans cette terre un gentilhomme
nommé Vasconcelle. Il ne possédait qu'un
petit bien chargé de redevances au seigneur; et
depuis long-tems il ne les avait pas payées. Helvétius en achetant la terre achetait aussi les droits
sur les sommes qu'on devait à Voré. Les gens
d'affaires, pour faire leur cour au nouveau
seigneur, ne manquerent pas d'exiger avec
rigueur tout ce qui lui était dû. Il était arrivé
depuis quelques jours, lorsqu'on lui annonça

Vasconcelle. Celui-ci dit à Helvétius que l'état de ses affaires ne lui avait pas permis depuis plusieurs années de payer ce qu'il devait au seigneur de Voré ; qu'il n'était pas en état dans ce moment de donner le tout ; mais qu'il s'engageait pour l'avenir à payer exactement l'année courante et les arrérages d'une année. Il ajouta que si on en exigeait davantage, et si on continuait les procédures, on le ruinerait sans ressources. Il pria Helvétius de donner ordre à ses gens d'affaires de cesser leurs poursuites. « Je sais, lui dit Helvétius, que vous êtes un galant homme, et que vous n'êtes pas riche. Vous me payerez à l'avenir comme vous pourrez ; et voici un papier qui doit empêcher mes gens d'affaires de vous inquiéter. » Il lui donne une quittance générale. Vasconcelle se jette à ses genoux en s'écriant : « Ah ! monsieur, vous sauvez la vie à ma femme et à cinq enfans. » Helvétius le releve en l'embrassant, lui parle avec l'intérêt le plus noble et le plus tendre, et lui fait accepter une pension de 1000 liv. pour élever ses enfans.

D'autres gentilhommes ou voisins ou vassaux d'Helvétius, eurent recours à lui dans leurs besoins ; plusieurs furent prévenus. Ceux qui pendant la guerre avaient une troupe à rétablir, ou un équipage à faire ; ceux qui avaient des enfans à élever, un bien en désordre, pouvaient compter sur le seigneur de Voré. Entre tous les hommes de cette classe, qu'il a obligés, nous ne nommerons que MM. de l'Etang, qui n'ont jamais voulu taire les bienfaits qu'ils ont reçus d'Helvétius.

Si ses fermiers essuyaient quelque perte, si l'année n'était pas féconde, il leur faisait d'abord des remises, et souvent leur donnait de l'argent. Il avait fixé dans ses terres un chirurgien, homme de mérite. Il avait établi une pharmacie bien fournie de tout, et dont les remedes étaient distribués à tous ceux qui en avaient besoin. Dès qu'un paysan tombait malade, il recevait de la viande, du vin, et tout ce qui convenait à son état. Helvétius allait le voir souvent, il le consolait, il avait soin qu'il fût bien servi; quelquefois il le servait lui-même. Il avait une maniere assez sûre de terminer les procès; il payait d'abord le prix de la chose contestée.

Il était l'ami zélé et attentif du petit nombre de paysans qui montraient des mœurs et de la bonté; il était flatté d'avoir pour convives des vieillards, des femmes décrépites qui avaient toute la grossiéreté de leur état, mais qui étaient justes et faisaient du bien.

Il a fait souvent jouir ses amis d'un spectacle délicieux, celui de son arrivée à la campagne. Femmes, vieillards, enfans venaient l'entourer, l'embrasser, poussaient des cris et versaient des larmes de joie. A son départ, son carosse était long-tems suivi d'une foule de ses vassaux ou seulement de ses voisins.

Il excitait le travail dans toutes ses terres; et il voulait exciter l'industrie à Voré, parce qu'elle pouvait seule donner aux habitans une aisance que leur refuse la stérilité du terrein. Il essaya de faire faire du point d'Alençon. Mais jusqu'à présent cet essai n'a point réussi; il a été plus heureux dans une autre entreprise. Après avoir été trompé par des agens infideles, ou peu intelligens, il a enfin établi une manufacture de bas au métier, qui fait de jour en jour de nouveaux progrès.

Il passait toutes ses matinées à méditer et à écrire. Le reste du jour, il cherchait de la dissipation. Il aimait la chasse; mais pour la rendre plus agréable, il n'imaginait pas de multiplier le gibier. Il est vrai qu'il n'aimait pas à le voir détruire par d'autres que par lui. Cependant il était entouré de braconniers. Il fit faire des défenses séveres; mais les gardes qui le connaissaient ne portaient pas fort loin la sévérité. Un jour, un paysan vint chasser jusques sous les fenêtres du château. Helvétius en fut irrité, et ordonna que cet homme fût veillé de près, et arrêté à la premiere occasion. Dès le lendemain on lui amene le coupable. Helvétius fort en colere, se leve, et court au chasseur que deux gardes traînaient dans la cour du château. Après l'avoir regardé un moment. « Mon ami, lui dit-il, vous avez de grands torts avec moi : si vous aviez besoin de gibier, pourquoi ne m'en avoir pas demandé ? Je vous en aurais donné. » Après ce peu de mots, il fit rendre la liberté au paysan, et lui fit donner du gibier.

Cependant madame Helvétius, indignée de l'insolence des braconniers, assurait son mari, que tant qu'il ne les punirait pas, ils continue-raient leurs chasses. Il en convint et promit d'user de rigueur. Il ordonna à ses gardes de faire payer l'amende à quiconque tirerait sur ses terres, et de le désarmer. Peu de jours après ces ordres, ils arrêtent un paysan qui chassait, lui ôtent son fusil, et le conduisent en prison, dont il ne sortit qu'après avoir payé l'amende. Helvétius informé de cette aventure, va trouver le paysan, mais en secret, dans la crainte d'essuyer les reproches de madame Helvétius. Après avoir fait promettre à ce braconnier qu'il ne parlerait pas de ce qui allait se passer entr'eux, il lui paie le prix de son fusil et lui rend la somme à laquelle l'amende et les frais pouvaient se monter. Madame Helvétius de son côté n'était pas tranquille. Elle disait à ses enfans : « Je suis la cause que ce pauvre homme est ruiné : c'est moi qui ai excité votre pere à faire punir les braconniers. » Elle se fait conduire chez celui qui lui faisait tant de pitié ; elle demande à quoi se monte la somme de l'amende et des frais, et le prix du fusil. Elle paie le tout ; et le paysan reçut l'argent sans manquer au secret qu'il avait promis à Helvétius.

La même année, à son retour à Paris, il lui arriva une petite aventure, qui prouve que sa philosophie et sa bonté ne le quittaient jamais. Son carosse fut arrêté dans une rue par une charette chargée de bois, et qui pouvait se détourner aisément, et rendre la rue libre. Elle n'en fit rien. Helvétius impatienté, traita de coquin le conducteur de la charette. « Vous avez raison, lui dit le paysan, je suis un coquin et vous un honnête homme ; car je suis à pied et vous êtes en carosse. Mon ami, lui dit Helvétius, je vous demande pardon. Mais vous venez de me donner

une

une excellente leçon, que je dois payer. » Il
lui donna un louis, et le fit aider par ses gens
à ranger la charette.

Après avoir passé sept ou huit mois dans ses
terres, il ramenait sa famille à Paris, et y vivait
dans une assez grande retraite avec quelques amis
de tous les états, qui lui convenaient par leurs
lumieres et par leurs mœurs. Seulement il donnait
un jour de la semaine aux simples connaissances.
Ce jour-là, sa maison était le rendez-vous de
la plupart des hommes de mérite de la nation et
de beaucoup d'étrangers; princes, ministres,
philosophes, grands seigneurs, littérateurs étaient
empressés de connaître Helvétius.

Un genre de vie si délicieux ne fut interrompu
que par deux voyages agréables. Il voulut voir
l'Angleterre, et connaître cette nation célebre,
à qui l'Europe doit tant de lumieres. Il voulait
voir l'effet des bonnes lois et d'une administration vigilante. Il partit pour Londres au mois
de mars 1764; il fut reçu du roi, des hommes
en place, des savans, comme devait l'être un
homme illustre que sa réputation avait devancé.
Il vit les campagnes, il ne les trouva pas mieux
cultivées que celles de France, mais il trouvait
des cultivateurs plus heureux. Il remarquait dans
le peuple de l'intérieur de l'Angleterre beaucoup

d'humanité, et rien de cette insolence que les étrangers reprochent quelquefois aux habitans de Londres.

En traversant un bourg de la province d'York-Shire, un postillon mal-adroit le renversa ; les glaces de la chaise furent brisées, et le postillon qui avait été fort froissé jettait des cris. Helvétius que les éclats des glaces avaient blessé, sortant de sa chaise les mains sanglantes ne s'occupa que du postillon. Quelques paysans qui étaient accourus pour les secourir, remarquerent ce trait d'humanité, et le firent remarquer à d'autres. Dans le moment, Helvétius fut environné de tous les habitans du bourg. Tous s'empressaient de lui offrir leurs maisons, leurs chevaux, des vivres, enfin des secours de toute espece. Plusieurs, et même des plus riches, voulaient lui servir de postillons.

Il remarquait dans les Anglais un amour extrême pour leurs enfans. Ce qu'on appelle en France l'esprit de société leur est presque inconnu. Mais ils jouissent beaucoup des douceurs de la vie domestique. L'esprit de société rassemble à Paris des hommes qui ont le besoin des amusemens frivoles. L'esprit de société rassemble les Anglais pour s'occuper des intérêts de l'Etat et de la prospérité de leur patrie. Ils ne cherchent pas les dissipations, parce qu'ils ont des jouissances solides. On voit peu en Angleterre ce rire, plus souvent le signe de la folie que l'expression du bonheur; mais on y voit l'aisance et un sage emploi du tems. On voit un peuple sérieux, occupé et content. Helvétius en quittant ce pays, où il n'avait point vu l'humanité humiliée et souffrante, répandit des larmes.

Il céda l'année suivante aux instances du roi de Prusse et de plusieurs princes, qui depuis long-tems l'invitaient à faire un voyage en Allemagne. Depuis qu'on savait qu'il pouvait se déterminer à voyager, les instances devenaient plus vives; et il partit à la fin de l'hiver de 1765. Il était pressé de se rendre à Berlin et de voir un grand homme. Le roi de Prusse voulut le loger, et ne permit pas qu'il eût une autre table que la sienne. Il l'entretint souvent, et prit pour sa personne et son caractere l'estime qu'il avait pour son esprit. Il fut accueilli avec la même considération chez plusieurs princes d'Allemagne, et surtout à Gotha.

Il remarquait en général dans toutes ces cours et dans la noblesse allemande, de la philosophie, l'amour de l'ordre et de l'humanité. Il résulte de cet esprit que sous le joug de plusieurs princes, dont la plupart sont despotes, le peuple n'est point misérable. Helvétius avait alors quelque crainte d'être encore persécuté en France. Tous les princes d'Allemagne lui offraient à l'envi une retraite. Tous voulaient l'arrêter. Il fut regretté de tous. Cependant si la persécution s'était renouvellée contre lui, l'Angleterre est le pays qu'il aurait choisi pour asyle.

En attendant, il revint en France. On y avait dissous l'ordre des jésuites. Cette société d'intrigans, cette cabale éternelle, à laquelle se ralliaient tous les ambitieux sans mérite, cette société funeste aux mœurs et aux progrès des lumieres, n'avait point été proscrite par des philosophes. Ils auraient détruit l'ordre, mais ils auraient bien traité les individus. Les parlemens, pour la plupart jansénistes, avaient traité l'ordre comme ils le devaient, et les individus avec barbarie.

Helvétius avait appris que ce jésuite qui avait abusé de sa confiance et trahi son amitié, ce jésuite qui lui avait fait perdre les bontés de la reine, et animé contre lui les tartuffes de la cour, était confiné dans un village, où il souffrait dans sa vieillesse la plus extrême pauvreté. Il alla trouver un des amis de ce malheureux, et lui donna cinquante louis. « Portez-les lui dit-il, au pere *** , mais ne lui dites pas qu'ils viennent de moi. Il m'a offensé , et il serait humilié de recevoir mes secours. »

Helvétius , dans sa retraite de Voré , s'occupait à développer , à prouver les principes du livre de l'*Esprit* , mais il ne voulait plus rien donner au public. Il voyait la philosophie persécutée par des cabales puissantes , se former peu de disciples et aucuns protecteurs. Il en était affligé ; mais il n'en était pas étonné. « La vérité , disait-il , qui ne peut jamais nuire au genre humain , ni même à aucune de ces grandes sociétés qu'on appelle les nations , est souvent opposée aux intérêts de ce petit nombre d'hommes qui sont à la tête des peuples. Ici vous avez de grands corps qui sont tous remplis de ce qu'on appelle l'esprit de corps. Ils tendent sans cesse à usurper les uns sur les autres , et tous sur la patrie. Elle devient comme une grande famille , où les aînés veulent exclure les cadets de tout partage. Comment sera reçu de ces corps un philosophe qui viendra leur dire : avant tout , soyez citoyens , voilà vos fonctions ; remplissez-les avec zele. Voilà vos droits , conservez-les sans les étendre. Là , des ministres d'un esprit borné et d'un caractere altier , incapables de voir les abus qui se sont introduits , et ceux qui tiennent à la constitution de l'Etat, sont conduits par la routine et la suivent : ils n'ont point l'habitude de méditer ; iront-ils la prendre ? C'est ce qu'il faudrait faire cependant pour corriger ces abus que la philosophie vient leur montrer. Ils ont des fantaisies, des projets pour leurs favoris, leurs parens. Croyez-vous qu'ils puissent entendre dire sans impatience, qu'ils ne doivent avoir en vue que le bien de l'Etat ? Qu'ont-ils à désirer ? de ne point éprouver de contradiction. Et pour cela que faut-il faire ? ôter à l'autorité toutes ses bornes, dût-on lui ôter toute sa solidité. Mais ces abus que les ministres respectent ou tolerent, à qui sont-ils nuisibles ? à la patrie, qui n'est qu'un vain nom. A qui peuvent-ils être utiles ? aux grands. Jugez ce que ces grands penseront d'une secte d'hommes qui leur proposent d'être modérés et justes. Le prince, les grands sont environnés de prêtres, qui dans les siécles d'igno_rance, régnaient sur les princes et sur les peu ples. Si le monde s'éclaire, ils seront moins respectés, et on les verra comme des hommes souvent dangereux. Peut-on leur savoir mauvais gré de l'espece de rage avec laquelle ils déchirent la philosophie ? Doit-on s'étonner qu'ils soient bien reçus dans les cours, où ils viennent dire : Dieu vous a donné la puissance ; il nous charge

de l'apprendre aux peuples. Au lieu de vous fati-
guer à faire de bonnes lois, à donner l'exemple
de l'amour de la patrie, forcez les nations à
nous croire, et laissez-nous faire : cela est plus
aisé.

« Vous voyez la cupidité des hommes de
mon ancien état, et celle des courtisans ; ces
gens-là laisseront-ils établir en paix que leurs fortunes ne sont pas toujours légitimes ? Pourront-
ils consentir qu'on les fasse rougir de ces mêmes
richesses, qui sont l'aliment de leur orgueil ?
Vous voyez que la philosophie doit être pour-
suivie dans les palais et jusques dans les cabanes,
par les classes de la société, qui du moins, pour
un moment, déterminent l'opinion ; et devant
qui la philosophie à-t-elle à se défendre ? Quels
sont ses juges ? des sots. Mais, me direz-vous,
il y a dans la nation des gens de lettres estimables qui, sans être au nombre des philosophes, adoptent leurs principes, s'en parent et
les répandent. Je réponds qu'il y en a peu. Les
hommes qui n'ont que de l'esprit sont les rivaux
humiliés des hommes de génie, et les détestent.
Vous auriez compté plus d'un bel-esprit dans
les détracteurs de Descartes et de Corneille,
et plus près de nous dans ceux de Voltaire, de
Montesquieu, de Buffon, de Fontenelle. La

philosophie réduit le bel-esprit, les petits talens à leur juste valeur ; et ils ont intérêt d'unir leur voix à celle des hommes frivoles et corrompus qui s'élevent contre toute liberté de penser. Savez-vous pourquoi, depuis la révolution d'Angleterre, la philosophie y est honorée et heureuse? c'est qu'en Angleterre l'intérêt général et l'intérêt particulier ne sont point opposés; c'est qu'il y regne l'amour de l'ordre et de la patrie. Si l'honneur véritable, si l'esprit de citoyen, si les vraies vertus renaissaient jamais chez les nations où la philosophie est persécutée, elle y aurait de la considération. Si ces nations au contraire tombent sous le despotisme, et par conséquent se corrompent de plus en plus, la philosophie y sera proscrite pour jamais. »

C'est d'après ces idées qu'Helvétius était revenu à son premier talent, et qu'il ne s'occupait plus que de son poëme du bonheur. Ce talent qu'il avait laissé sans en faire usage, ne s'était point affaibli. On peut en juger par le sixieme chant, et par une partie du quatrieme, qu'il a composé l'été dernier. Il comptait travailler encore plusieurs années à cet ouvrage, et le donner lorsque ses amis et lui en seraient contens.

On remarqua au commencement de 1771, quelques changemens dans son humeur et dans ses goûts. On ne lui trouvait pas sa sérénité ordinaire. Il aimait moins les conversations qu'il avait le plus aimées. L'exercice le fatiguait; il n'allait presque plus à la chasse. Ce changement n'allarmait pas sa famille et ses amis. On était bien loin de le regarder comme un signe de décadence. On l'attribuait à des causes morales. Ces dernieres années ont été l'époque de malheurs publics, auxquels Helvétius fut fort sensible. Le désordre des finances, et la cassation des anciens parlemens, répandirent une consternation générale. Un grand nombre de suicides dans le royaume, un plus grand nombre dans la capitale, sont de tristes preuves de cette consternation. Des maux physiques l'augmentaient encore. Les récoltes n'étaient point abondantes. Tandis que la disette a duré, les aumônes d'Helvétius n'ont pas permis à ses vassaux d'en souffrir. Dans ces années malheureuses, il a prolongé son séjour à sa campagne, qui lui devenait plus chere par le besoin qu'elle avait de lui. Et d'ailleurs le spectacle d'une misere qu'il ne pouvait soulager, lui rendait triste le séjour de Paris. Il y faisait cependant de grands biens. Tous les jours on introduisait chez lui, avec beaucoup de mystere, quelques nouveaux objets de sa générosité. Souvent en leur présence, il disait à son valet de chambre. « Chevalier, je vous défends de parler de ce que vous voyez, même après ma mort. »

Il lui arrivait quelquefois d'étendre ses libéralités sur d'assez mauvais sujets; et on lui faisait des reproches. « Si j'étais roi, disait-il, je les corrigerais; mais je ne suis que riche, et ils sont pauvres; je dois les secourir. »

Sa bonne constitution et une santé rarement altérée, semblaient lui promettre une longue vie. Cependant de jour en jour il sentait qu'il perdait ses forces. Une attaque de goutte qui se portait à la tête, et à la poitrine, lui ôta d'abord la connaissance, et bientôt la vie.

Le 26 décembre 1771, il fut enlevé à sa famille, à ses amis, aux infortunés, et à la philosophie.

Peu d'hommes ont été traités par la nature aussi bien qu'Helvétius. Il en avait reçu la beauté, la santé et le génie. Dans sa jeunesse il était très-bien fait. Ses traits étaient nobles et réguliers. Ses yeux exprimaient ce qui dominait dans son caractere, c'est-à-dire, la douceur et la bienveillance. Il avait l'ame courageuse et naturellement révoltée contre l'injustice et l'oppression.

Personne n'a dû être plus convaincu que lui que pour réussir à tout il ne faut que vouloir fortement. Il avait été bon danseur, habile à l'escrime, tireur adroit, financier éclairé, bon poëte, grand philosophe, dès qu'il avait voulu l'être. Il avait aimé beaucoup les femmes, mais sans passion, et entraîné par les sens; il n'avait pas dans l'amitié de préférence exclusive. Il y portait plus de procédés que de tendresse. Ses amis dans leurs peines le trouvaient sensible, parce qu'il était bon. Dans le cours ordinaire de la vie, ils lui étaient peu nécessaires. Sa conversation était souvent celle d'un homme rempli de ses idées, et il les portait quelquefois dans un monde qui n'était pas digne d'elles. Il aimait assez la dispute, et il avançait des paradoxes pour les voir combattre : il cherchait à faire penser ceux qu'il en croyait capables; il disait qu'il allait avec eux *à la chasse des idées*. Il avait les plus grands égards pour l'amour-propre des autres; et il se parait si peu de sa supériorité, que plusieurs hommes d'esprit qui le voyaient beaucoup, ont été long-tems sans la deviner. Il craignait le commerce des grands; il avait d'abord avec eux l'air de l'embarras et de l'ennui. Il a aimé la gloire avec passion, et c'est la seule qu'il ait éprouvée; elle lui a fait aimer le travail, mais elle n'a point inspiré ses bienfaits. Personne ne les a cachés avec plus de soin. Il n'aurait pas donné à ses plaisirs un tems qu'il destinait à l'étude ; et dans sa jeunesse même, lorsqu'il était retiré dans son cabinet, il n'était permis de l'interrompre qu'au malheureux

Fin du Tome cinquieme.

LES
DEUX AMIS,
CONTE
IROQUOIS.

LES DEUX AMIS,

CONTE IROQUOIS.

Les Iroquois habitent entre le fleuve Saint-Laurent et l'Ohio. Ils composent une nation peu nombreuse, mais guerriere, et qui a conservé son indépendance au milieu des Français et des Anglais.

Les Iroquois vivent rassemblés dans des villages, où ils ne sont soumis à l'autorité d'aucun homme ni d'aucune loi. Dans la guerre, ils obéissent volontairement à des chefs; dans la paix, ils n'obéissent à personne.

Ils ont les uns pour les autres les plus grands égards : chacun d'eux craint de blesser l'amour-propre d'un autre, parce que cet amour-propre s'irrite aisément, et que la plus légere offense est bientôt vengée. La vengeance est l'instinct le plus naturel aux hommes qui vivent dans les sociétés indépendantes ; et le sauvage, qui ne peut faire craindre à son semblable le magistrat et les lois, fait craindre ses fureurs.

C'est donc la crainte qui est chez les sauvages, la cause de leur politesse cérémonieuse et de leurs complimens éternels : elle l'est aussi de quelques associations. Certaines familles, quelques particuliers, se promettent par serment de se secourir, de se protéger, de se défendre : ils passent leur vie dans un commerce de bons offices mutuels ; ils sont tranquilles à l'abri de l'amitié, et ils connaissent mieux que nous son prix et ses charmes.

Tolho et Mouza, deux jeunes Iroquois du village d'Ontaïo, étaient nés le même jour, dans deux cabanes voisines et dont les habitans, unis par serment, avaient résisté ensemble à leurs ennemis, aux besoins et aux accidens de la vie.

Dès l'âge de quatre à cinq ans, Tolho et Mouza étaient unis comme leurs peres : ils se protégeaient l'un l'autre dans les petites querelles qu'ils avaient avec d'autres enfans : ils partageaient les fruits qu'ils pouvaient cueillir. Amusés des mêmes jeux, occupés des mêmes choses, ils passaient leurs jours ensemble dans leurs cabanes, sur la neige ou sur le gazon. Le soir leurs parens avaient peine à les séparer, et souvent la même natte servait de lit à tous deux.

Lorsqu'ils

Lorsqu'ils eurent quelque force et quelques années de plus, ils s'instruisirent à courir, à tendre l'arc, à faire des fléches, à les lancer, à franchir les ruisseaux, à nager, à conduire un canot. Ils avaient l'ambition d'être les plus forts et les plus adroits de leur village ; mais Tolho ne voulait point surpasser Mouza, et Mouza ne voulait point surpasser Tolho.

Ils devenaient de jour en jour plus chers et plus nécessaires l'un à l'autre : tous les matins ils sortaient de leur cabane : ils élevaient les yeux au Ciel et disaient :

« Grand Esprit, je te rends graces de tirer » le soleil du fond du grand lac et de le porter » sur la chevelure des montagnes : soit qu'il » sorte du grand lac, ou soit qu'il descende de » la chevelure des montagnes, il réjouira mon » ami. Grand Esprit donne la rosée à la terre, » du poisson à mes filets, la proie à mes flé- » ches, la force à mon cœur, et tous les biens » à mon ami. »

Déjà ces jeunes sauvages allaient à la chasse du chevreuil, du liévre et des animaux timides : ils ne chassaient jamais séparément, et le gibier qu'ils apportaient, se partageait également entre leurs cabanes.

Tome V.   T

Lorsqu'ils eurent assez de forces et d'expérience pour attaquer dans la forêt le loup, le tigre et le carcajou, avant de tenter ces chasses où ils pouvaient courir quelques dangers, ils penserent à se choisir un Manitou.

Les Iroquois, comme tous les sauvages, adorent un Etre Suprême, qui a tout créé et dont rien ne borne la puissance : ils le nomment le *Grand Esprit*. Ils sont persuadés que cet Etre donne à chacun d'eux un génie qui doit les protéger dans tout le cours de leur vie : ils croient qu'ils sont les maîtres d'attacher le génie à tout ce qu'ils veulent. Les uns choisissent un arbre; d'autres une pierre; ceux-ci une jeune fille; ceux-là un ours ou un orignal. Ils pensent qu'aussitôt qu'ils ont fait ce choix et qu'ils ont » dit : « Orignal, arbre ou pierre, je me confie à toi », le génie qui doit veiller sur eux, s'attache à ces substances qu'ils appellent leur *Manitou*, et ils se tiennent fort sûrs que toutes les fois qu'ils invoquent leur génie, il quitte le manitou et vient les secourir. Ces superstitions sont absurdes, j'en conviens, mais elles ne le sont pas plus que celles de plusieurs peuples policés.

Tolho et Mouza se proposerent un jour d'aller sur la montagne où les Iroquois vont adorer le Grand Esprit , et ils s'y rendirent au lever du soleil. Là ils répéterent leurs exercices : ils frappaient les arbres du casse-tête ou de la hache ; ils perçaient de leurs fléches les oiseaux qui volaient autour d'eux ; ils couraient l'un contre l'autre avec des gestes menaçans ; ils se firent même quelques légeres blessures , d'où ils virent avec joie couler leur sang.

« Grand Esprit , disaient-ils , nous sommes » des hommes ; nous ne craindrons ni l'ennemi, » ni la douleur : donne-nous un génie ; il ne » rougira pas d'être notre guide. »

Après cette courte priere , les deux jeunes sauvages se regarderent avec attendrissement et une sorte de respect ; leurs regards s'animaient , ils semblaient saisis d'un saint enthousiasme et obéir à des impulsions dont ils n'étaient pas les maîtres. Dans ces transports , chacun d'eux prononça le nom de son ami , chacun d'eux attacha son génie à la personne de son ami. Mouza fut le Manitou de Tolho ; Tolho fut le Manitou de Mouza.

Dès ce moment , leur amitié leur devint sacrée ; les soins qu'ils se rendaient avaient quelque chose de religieux ; chacun d'eux était pour l'autre un objet de culte , un être divin.

Ils se trouverent un courage plus ferme, une audace plus intrépide. Ils attaquerent avec succès les animaux les plus féroces, et tous les jours ils revenaient dans Ontaïo chargés de proie et de fourrures.

Les jeunes filles des sauvages aiment beaucoup les bons chasseurs : elles les préferent même aux guerriers. Ceux-ci donnent à leurs maîtresses ou à leurs femmes, de la considération : les chasseurs leur donnent des vivres et des fourrures ; et chez les femmes sauvages, l'abondance vaut mieux que la gloire. Les jeunes filles d'Ontaïo faisaient de fréquentes agaceries aux deux jeunes amis ; mais ils y résistaient, parce que les Iroquois sont persuadés que les plaisirs de l'amour énervent le corps et affaiblissent le courage, lorsqu'on s'y livre avant l'âge de vingt ans. Mouza et Tolho n'en avaient encore que dix huit, et ils auraient rougi de n'avoir pas sur eux-mêmes autant de pouvoir qu'en ont communément les jeunes gens de leur nation.

Selon l'auteur du Mémoire sur les mœurs des Iroquois, cité dans les *Variétés Littéraires*, et selon les relations de tous les voyageurs, les filles chez ces peuples ont fort peu de retenue.

Ce n'est pas que la nature n'ait prescrit, dans le nouveau Monde comme dans l'ancien, l'attaque aux hommes, la défense aux femmes; mais dans ces contrées, on attache de l'honneur à la chasteté des hommes, et les femmes attachent de l'honneur à la conquête des chasseurs habiles et des vaillans guerriers. Dans tous les climats, l'homme et la femme naissent avec les mêmes instincts; mais dans tous les climats, l'opinion établit des habitudes qui changent la nature. De toutes les especes d'animaux, l'espece humaine est celle que l'habitude modifie le plus.

Parmi les jeunes filles qui tenterent la conquête de Tolho et de Mouza, Erimé était la plus aimable. Elle avait dix-sept ans : elle n'avait point encore eu d'amans; elle était vive et gaie; elle aimait le travail et le plaisir; elle était coquette avec les jeunes gens, respectueuse, attentive avec un frere de sa mere qui avait élevé son enfance, et de la cabane duquel elle prenait soin. Ce vieillard s'appellait Cheriko : il était respecté dans les différens bourgs d'une nation qui porte à l'excès le respect dû aux vieillards.

Sa niece essaya de plaire alternativement à

T 3

chacun des deux amis ; mais les Iroquois étaient menacés d'une guerre avec les Outaouais. Le moment des grandes pêches arrivait. Mouza et Tolho soumis à leurs préjugés, occupés des préparatifs de leur pêche, parurent faire peu d'attention aux agaceries d'Erimé. Ils s'embarquerent sur le fleuve Saint-Laurent. A leur départ, Erimé ne parut point triste ; elle les conduisit en riant jusqu'au rivage, et au moment qu'ils entraient dans le canot, elle leur chanta gaîment la chanson suivante qu'elle venait de composer pour eux.

« Ils partent les deux Amis ; les voilà qui » habitent le grand fleuve. Ils partent, et les » filles d'Ontaïo soupirent. Pourquoi soupirez- » vous, filles d'Ontaïo ? Mouza et Tolho n'ont » point veillé à la porte de vos cabanes.

» Les deux Amis sont deux mangliers en » fleurs : leurs yeux ont l'éclat de la rosée au » lever du soleil : leurs cheveux sont noirs » comme l'aîle du corbeau. Ils partent, et les » filles d'Ontaïo soupirent.

» Ne soupirez pas, filles d'Ontaïo ; ils re- » viendront les deux Amis : ils seront hommes ; » ils auront tout leur esprit : ils viendront à vos » cabanes, et vous serez heureuses. »

Cependant Mouza et Tolho voguerent vers les parties du fleuve qui forment dans les terres des especes de golfes ; et qui abondent le plus en poisson. Les sauvages parlent peu , parce qu'ils ont peu d'opinions , et que ces opinions sont les mêmes ; mais ils ont un sentiment vif et ils l'expriment fréquemment par des exclamations ou des gestes. Un ami a besoin de révéler à son ami quelles sont les impressions qu'il reçoit des objets extérieurs ; il a besoin de lui manifester ses craintes , ses espérances , le sentiment qui le domine. Dans leur navigation , les deux Iroquois gardaient un profond silence. Enfin Mouza regarda Tolho tendrement , et baissa les yeux et la tête d'un air consterné. Tolho , qui rencontra les yeux de Mouza , ne put soutenir ses regards et détourna la tête en rougissant.

Ils arriverent , à l'entrée de la nuit , dans le golfe où ils voulaient tendre leurs filets : ils attacherent leur canot à de longs peupliers qui bordaient le rivage : ils abattirent quelques branches de chêne ; ils formerent une hutte , dont ils garnirent le fond de feuillages sur lesquels ils s'étendirent.

Mouza s'endormit , mais après un moment

de sommeil, il s'éveilla. Son ami l'entendit qui répétait à demi voix la chanson d'Erimé. Tolho s'endormit enfin. Il parut fort agité pendant son sommeil, et Mouza, qui l'observait, crut l'entendre prononcer en dormant le nom d'Erimé.

Dès que le jour parut, ils se leverent en silence, et commencerent leur pêche qui ne fut pas heureuse. Ils étaient affligés l'un et l'autre. Mouza montrait la tristesse la plus profonde, et Tolho de la douleur et de l'indignation. Ils se proposerent de se rendre dans un golfe plus abondant en poisson, mais assez voisin de la cascade de Niagara, cette cascade célebre où le fleuve Saint-Laurent, large de près d'une lieue, précipite ses eaux de la hauteur de deux cens toises. Le fleuve, aux environs du golfe que cherchaient les jeunes Iroquois, est serré entre des montagnes et semé de rochers et d'écueils : il y a des courans très-rapides, et la navigation en est très-dangereuse. Mouza et Tolho naviguaient à travers ces rochers, conduits par la crainte de revenir dans Ontaïo sans être chargés de poisson, et avec la confiance que leur donnait leur courage.

Ils n'étaient pas éloignés de ce golfe où ils voulaient se rendre, lorsqu'il s'éleva un vent violent qui les emporta vers la cascade. Ce vent était poussé par un orage qui s'étendait à l'occident. Le ciel était encore serein au Zénith ; mais un peu au-dessus des montagnes, il était sombre & noir ; les éclairs semblaient des feux qui s'élançaient de ces montagnes, dont le tonnerre et les vapeurs enveloppaient les sommets. Les feux de la nue se réfléchissaient sur l'étendue des eaux agitées. Le canot volait rapidement sur un courant qui l'entraînait vers la cascade ; le bruit continu de la chûte immense des eaux, le bruit interrompu des tonnerres et des vents portaient la crainte dans l'ame courageuse des jeunes sauvages ; mais cette crainte ne leur ôtait point la présence d'esprit.

Malgré la force du courant et de la tempête, ils dirigeaient le canot avec art et ils évitaient les écueils. Ils regardaient de toutes parts pour découvrir quelque plage où ils pourraient aborder ; mais ils se voyaient environnés partout de rochers escarpés ou suspendus. Déjà ils découvraient le nuage éclatant qu'élevent jusqu'au ciel les eaux du fleuve en rejaillissant des rochers sur lesquels elles se brisent. Ce nuage était entre les jeunes amis et le soleil : la lumiere de cet astre étincelait à travers les vapeurs et y répandait toutes les couleurs de l'arc-en-

ciel ; ces vapeurs brillantes touchaient à l'extrémité du sombre nuage d'où partaient la foudre
et les éclairs. Tolho et Mouza sentirent qu'ils
ne pouvaient éviter d'être entraînés dans la chûte
du fleuve et de tomber avec la masse des eaux
sur les pointes des rochers. Ils se regarderent
en s'écriant : « Mouza n'aura point à regretter
» Tolho ; Tolho n'aura point à regretter Mouza.
» Pleure Erimé, pleure : ceux qui t'aiment vont
» mourir. » C'est Mouza qui prononça ces paroles. Ils s'embrasserent encore. Ils étaient déjà
couverts des vapeurs qui s'élevent et retombent
sur les bords de la cascade terrible ; ils se sentirent près du goufre ; ils ne s'abandonnaient
pas encore à leur destinée, et regardant de
côté et d'autre sur les eaux écumantes , ils
virent à côté d'eux quelques arbres qui éten-
daient leurs branches sur le fleuve ; ils se les
montrerent ; ils se jetterent à la nage , leurs
fléches dans les mains , le carquois sur l'épaule,
et aborderent sous les arbres dans une prairie
marécageuse , d'où ils se rendirent bientôt sur
un terrein plus élevé ; ils entrerent ensuite dans
une forêt , dont les arbres immenses ombra-
geaient les rives du grand fleuve.

Dès qu'ils eurent mis les pieds sur le rivage,
ils s'embrasserent ivres de joie , et tous deux

se jetterent à genoux. « Grand Esprit, ame des
» fleuves, du soleil et des tonnerres, dit Mouza,
» tu m'as conservé mon ami. » — « Cher ami,
» s'écria Tolho, nous ne pouvons périr en-
» semble. »

Après cette premiere effusion de tendresse
et de joie, ils se reposerent quelque tems sur
le gazon, sans se parler ; et, les yeux fixés à
terre, ils se regarderent, et Mouza versait un
torrent de larmes.

« O Mouza ! dit Tolho, j'atteste le Grand
» Esprit, mon ame vit avec toi, je souffre de
» tes peines, je ris de ta joie. Hélas ! je le
» vois, ton esprit t'abandonne, il n'est plus
» auprès de Tolho, il suit Erimé. »

« Ah ! dit Mouza en se jettant dans les bras
» de son ami, j'aime Tolho plus que moi-même ;
» mais Erimé possede ma pensée, il est vrai,
» oui il est vrai. »

« Ecoute, dit Tolho, j'ai vu tes peines ;
» n'as-tu pas vu les miennes ? N'as-tu pas vu
» qu'Erimé m'enlevait mon esprit ?.... Je l'ai
» vu, dit Mouza, et je meurs.... Ah ! reprit
» Tolho, tu ne peux être plus malheureux que
» moi ; mais je ne ferai pas long-tems couler tes
» larmes. J'ai un tort ; il faut que tu me le

» pardonne. Il y a près d'une lune que mon
» cœur est déchiré, et je ne t'ai point prié de
» le guérir.... Ah ! dit Mouza, ne t'ai-je pas
» aussi caché mes pensées ? Oui, j'ai scellé ma
» bouche auprès de mon ami ; mais ma bouche
» va s'ouvrir : tu verras le cœur qui t'aime et
» qui souffre ; il ne veut plus se cacher à toi.
» Disons tout. Tu te souviens du jour où nous
» revînmes chargés de peaux de tigres, d'ours,
» et de carcajou ; nos parens furent riches de
» notre chasse, et les filles d'Ontaïo chantaient
» les chasseurs. Erimé vint à moi : le souris
» était sur ses lévres, et l'esprit d'amour était
» dans ses yeux. Mouza, dit-elle, abat les ti-
» gres, perce le carcajou, renverse l'ours, et
» il n'en demande point la récompense aux filles
» d'Ontaïo. Après avoir dit ces mots, elle se
» retourna ; je rougis, et je ne lui répondis
» rien. Je m'éloignai, mais avec peine ; mes
» pieds étaient pesans, et mes genoux ne se
» pliaient pas. Je me retirai le soir dans la ca-
» bane de mon pere, et je ne t'y appellai pas ;
» l'image d'Erimé occupait tout mon esprit :
» elle l'occupa dans le sommeil ; à mon réveil,
» je vis encore Erimé. Je me disais cependant,
» les Outaouais menacent Ontaïo ; j'aurai besoin

» de mes forces et de mon courage : l'amour
» abat, dit-on, les forces du guerrier qui n'a
» pas vingt ans, et je n'ai pas vingt ans. J'ajoutais
» bientôt : qu'Erimé est douce et belle ! Ses
» yeux me demandent de l'amour ; qui pour-
» rait résister ?...... Tolho, Tolho résisterait,
» et si je cédais à l'amour, je ne pourrais
» plus soutenir les regards de mon ami.
» C'est ainsi que je commençais à te crain-
» dre. » — « Arrête, dit Tolho qui écoutait avec
» des yeux inquiets, arrête : dis-moi le jour,
» le moment où Erimé t'a dit les paroles
» d'amour — « Le jour même de notre arrivée,
» répondit Mouza, et un moment avant la nuit.
» — Ah ! dit Tolho, tu es le premier de nous
» auquel elle a parlé d'amour. Mouza poursuis : —
» le souvenir des promesses que nous nous étions
» faites l'un à l'autre, de ne goûter les douceurs
» de l'amour, qu'après avoir enlevé des cheve-
» lures à l'ennemi, revenait à ma pensée, et
» je me trouvais fort ; mais je me retraçais les
» charmes, le souris, les regards d'Erimé, et
» je perdais ma force. O Tolho ! dans ton
» absence, je t'invoquais, et en ta présence je
» n'osais te parler. Mais ce n'est pas encore à
» ce moment où j'ai pensé que je pouvais t'aimer

» moins ; c’est lorsque je te vis, la veille de
» notre départ, entretenir Erimé qui te prit la
» main, et que tu regardais des yeux de l’amour.
» Je frissonnai comme la jeune fille qui voit la
» couleuvre qu’elle entendait siffler ; j’étais agité,
» troublé, confus, jaloux du cœur d’Erimé et
» du tien. A notre départ, je crus entrevoir
» que la plus belle des filles ne t’aimait pas
» plus que moi, et que tu pouvais encore être
» la moitié de mon ame. »

« Ah ! Mouza, dit son ami, Erimé m’en-
» traîne, mais avec toi. Elle semblait m’aimer
» la veille de notre départ. Tolho, dit-elle,
» passe le tems des fleurs dans les forêts et sur
» les eaux, où il n’y a point de fleurs. Elle me
» dit ces mots d’une voix douce comme celle
» du vent dans les roseaux ; ma main rencontra
» sa main. L’eau brûlante que nous vendent les
» hommes d’au-delà du grand lac, ne répand
» pas autant de chaleur dans nos sens, et ne
» nous donne pas autant de vie et de cœur,
» que je m’en sentis en touchant la main d’E-
» rimé. Ce feu ne s’éteint pas ; il brûle encore
» le sang de ton ami : mon ame me semble
» augmentée ; j’ai une foule de pensées que je
» n’avais pas : je me sens plus le besoin de

» montrer ma force, d'exercer mon courage.
» Je donnerais mille fois ma vie pour te sauver
» un chagrin; je m'exposerais à toutes les dou-
» leurs pour plaire à la belle Erimé. Quand j'ai
» vu qu'elle occupait ton esprit, j'ai frémi :
» il m'a semblé que je t'aimerais moins si tu la
» possédais ; mais l'amitié que j'ai pour toi
» m'est si chere, que si je craignais de la perdre,
» le fleuve que tu vois, me guérirait de la vie;
» cependant j'aime Erimé, j'en conviens. Il
» faut qu'elle m'aime, je le sens et je le dis ».
Mouza l'interrompit. « Ah ! lui dit-il, tu n'as
» pas prononcé une parole qui ne m'ait fait
» sentir la peine ou le plaisir. Quelles délices
» je trouve dans mon cœur quand tu me parles
» de notre amitié sacrée ; mais quel supplice
» tu me fais souffrir quand tu m'assures, avec
» tant de force, que tu ne cesseras jamais
» d'aimer la belle fille que j'aime !—Oh ! Mouza,
» dit Tolho, nos cœurs sont les mêmes en tout
» et nous sommes malheureux. »

Ils se parlerent encore long-tems de leur
passion, et se peignirent en détail la maniere
dont ils la sentaient. Ni l'un ni l'autre n'ima-
ginaient encore de la combattre et de la vaincre.
Tolho avait dans le caractere plus de violence,

d'impétuosité et de fierté que Mouza : celui-ci était plus tendre : il avait une sensibilité plus douce. Ils étaient également généreux, l'un par élévation d'ame, et l'autre par tendresse : ils avaient au même degré le courage, l'amitié et l'amour.

Cependant leur longue conversation avait épuisé leurs forces. L'un et l'autre accablés de fatigue, se laisserent tomber sur le gazon et goûterent quelque repos. A leur réveil, ils chercherent des fruits qui pussent les nourrir, et après un léger repas, ils songerent à se faire des armes. Ils n'avaient que leurs fléches qui ne pouvaient les défendre contre des animaux féroces : ils couperent de jeunes arbres dont ils sécherent la racine au feu qu'ils allumerent avec des cailloux. Avec ces massues, ils se trouverent en état de combattre toute sorte d'ennemis.

Enfin Mouza proposa de retourner au village d'Ontaïo pour y reprendre un canot, des filets, et se mettre en état de faire une pêche plus heureuse. Tolho sourit d'abord à cette proposition ; mais bientôt son visage devint sérieux ; il fit sentir à son ami le trouble, les jalousies, les peines auxquelles ils allaient s'exposer l'un

et

et l'autre. Mouza partagea bientôt les craintes de Tolho qui étaient fondées, et tous deux retomberent dans la tristesse la plus profonde.

Ils ne prenaient aucune résolution, et ils passerent plusieurs jours dans la forêt sans former le dessein d'en sortir, sans avoir le projet d'y rester : ils se parlaient souvent de leur situation.

Tolho dit un jour à son ami : « Ce ne sont
» pas les plaisirs de l'amour qui avilissent les
» jeunes guerriers ; c'est son empire. Nous sa-
» vons vaincre la douleur, cette compagne de
» l'homme ; nous résistons à la faim, nous
» bravons le danger ; mais pouvons-nous nous
» croire des hommes si nous restons les esclaves
» de l'amour ? L'homme rougit de céder à
» l'homme, et nous cédons à une jeune fille ;
» nous souffrons qu'elle occupe nos pensées,
» qu'elle nous tourmente. Ah ! dit Mouza,
» j'aurais rougi de ma faiblesse ; mais comment
» rougir d'une faiblesse que je partage avec toi ?
» Ton exemple m'a ôté la honte ; mais aujour-
» d'hui ton exemple releve mon courage. Eh !
» que ferons-nous en cessant d'aimer, Erimé ?
» ce qu'ont fait plusieurs jeunes sauvages que
» des filles ont refusés. Nous avons vu ces amans

» s'affliger pendant quelques jours , et dédaigner
» bientôt celles qui les avaient dédaignés. Ah!
» dit Tolho , ils n'avaient pas notre amour !
» Cela est vrai, dit Mouza ; mais ils n'avaient
» ni notre amitié , ni notre courage. »

Après plusieurs discours dans lesquels ils se
rappellaient la conduite des jeunes sauvages qui
avaient vaincu leurs passions , après quelques
contestations sur les moyens d'imiter ces héros,
ils firent le projet de ne retourner dans Ontaïo,
que lorsqu'ils seraient l'un et l'autre en état de
revoir Erimé sans émotion. Ils se construisirent
une cabane un peu plus commode que leur
hutte , et là , ils vécurent de leur chasse et de
quelques fruits. Ils se demandaient de tems en
tems des nouvelles de l'état de leur ame , et,
d'ordinaire , ils ne se répondaient que par un
soupir.

Un jour Mouza vint dire à son ami qu'il se
croyait guéri. Tolho pleura de honte, poussa
des cris et avoua qu'il se croyait incurable ;
mais , après un moment de réflexion ; « puis-
» que tu es guéri , dit il à Mouza , tu ne seras
» donc pas malheureux si je suis l'époux d'E-
» rimé ? » Mouza se retira sans répondre , et
avant la fin du jour , il avoua qu'il s'était

trompé, et qu'il aimait Erimé plus que jamais.

L'un et l'autre, depuis ce moment, parurent plongés dans la plus noire mélancolie : leurs regards étaient farouches et sombres : ils étaient distraits dans leurs fonctions : souvent quand ils étaient ensemble, ils s'avouaient leur douleur profonde ; quand ils étaient séparés, ils poussaient des cris, ils se jettaient à terre, ils la pressaient de leurs mains, ils se relevaient en portant les yeux au ciel et en invoquant le Grand Esprit.

Un jour Tolho était assis sous un hêtre, dont les racines découvertes embrassaient un rocher suspendu sur le fleuve. Sa tête était penchée, et ses yeux fixés sur les eaux ; ses bras étaient croisés sur sa poitrine ; il était pâle, immobile, et sortait de tems en tems de ce repos funeste par des mouvemens violens et de peu de durée. Mouza qui le cherchait, le vit et s'arrêta. Tolho qui se croyait seul, se leva avec impétuosité et se jettant à genoux ; « Grand Esprit, s'écria-t-il, je renonce à la vie ; » veille sur les jours de mon ami. »

Il allait se précipiter dans le fleuve, et il se trouva dans les bras de Mouza qui s'écria :

V 2

« Barbare ! tu me laisses seul sur la terre : quoi, » tu ne veux pas que je partage la mort avec » toi ! Ah ! dit Tolho, tu m'attaches à la vie. » Mouza, sans lui rien dire, l'embrassait fortement et l'entraînait vers le fleuve, pour s'y précipiter avec lui. Tolho l'arrêtait, en le conjurant de vivre avec Erimé. Mouza l'accablait des reproches les plus tendres ; enfin, entraîné par Tolho, il s'éloigne du fleuve, et tous deux vinrent se reposer à l'entrée de leur cabane. Là, ils s'entretinrent avec assez de tranquillité. Dans la scene qui venait de se passer entre eux, ils avaient épuisé leurs forces ; ils n'en avaient plus assez pour se livrer aux sentimens violens ; ils venaient de sentir les horreurs du désespoir ; leur ame fatiguée de cet état cruel, cherchait à se faire des illusions et à retrouver l'espérance.

« Mon ami, dit Mouza, toi avec qui je veux » partager la vie et la mort, écoute une de mes » pensées. Tu sais la chanson qu'Erimé fit pour » nous au moment de notre départ. Cette belle » fille chantait tes louanges et les miennes : elle » semblait nous regretter tous deux. Oui, dit » Tolho, et j'ai eu ta pensée. Je me suis dit, » pourquoi ne pourrais-je partager les plaisirs

» de l'amour avec l'ami de mon cœur , l'orne-
» ment de ma vie ? Je souriais à cette pensée ;
» mais je me représentais Erimé entre tes bras ,
» et les viperes de la jalousie me rongeaient le
» cœur. Je te pardonne , dit Mouza ; mais écoute
» la suite de mes pensées. Je me suis interrogé,
» et je me suis dit : si Tolho goûtait dans les
» bras d'Erimé les plaisirs de l'amour , pour-
» quoi mon ame en serait-elle affligée , mon
» ame qui est heureuse des plaisirs de Tolho ?
» C'est parce qu'Erimé serait à Tolho et ne
» serait pas à moi. Mais si Erimé le veut , ne
» pouvons nous pas être heureux l'un et l'autre?
» Elle serait à nous , et alors...... Ah ! dit
» Tolho , j'ai aussi interrogé mon cœur. Ecoute :
» tu te souviens que dès notre enfance , nous
» avons évité d'être plus forts , plus puissans ,
» plus adroits l'un que l'autre. Tu n'as pas
» voulu me surpasser. Si Erimé t'aimait mieux
» que moi , dans ses bras même je sentirais ton
» avantage , et j'aurais peut - être une fureur
» qui deviendrait funeste à tous trois. » Mouza
fut long-tems sans répondre : il dit enfin. « Je
» viens de m'interroger. Je t'avoue que si la
» belle Erimé donne son cœur à l'un et à l'autre,
» ou si elle nous laisse ignorer qui des deux elle

» préfere, je sens que je serai heureux de ton
» bonheur et du mien. Interroge ton cœur, et
» tu me répondras. »

Tolho, après avoir rêvé quelque tems, dit
à son ami : « O moitié de moi-même ! je sens
» que je puis tout partager avec toi. »

A ces mots, ils s'embrasserent et formerent
sur le champ le dessein de retourner au village
d'Ontaïo.

Ils partirent après un léger repas, et à l'entrée de la nuit ; il fallait monter des rochers
difficiles, et traverser de vastes forêts qui leur
étaient inconnues ; mais ils observaient les
astres ; et, de plus, pour ne point s'égarer,
ils n'avaient qu'à suivre les bords du grand
fleuve. Dans la route, ils chantaient souvent la
chanson d'Erimé : ils convenaient ensemble de
la maniere dont ils lui parleraient de leur passion, et des moyens qu'ils employeraient pour
engager cette belle fille à ne donner à aucun
des deux la préférence sur l'autre. Ils marchaient
avec joie, pleins d'espérance et impatiens de
revoir Erimé. Ils avaient déjà franchi les rochers, et ils avançaient dans la forêt. Ils étaient
près de la fin de leur journée, et déjà le crépuscule commençait à rendre la verdure plus

sombre et plus profonde. Ils entendirent du bruit assez près d'eux et distinguerent quelques voix. Ils avancerent vers le bruit, et bientôt ils virent une petite troupe de sept ou huit Outaouais et de cinq captifs Iroquois. Mouza regarda Tolho et lui dit : « Je sens mon cœur qui bondit dans » mon sein ; il s'élance loin de moi, il m'em- » porte vers les ennemis de nos peres. »

« Tolho regardait les Outaouais avec des yeux » étincelans de rage. — Mon arc, disait-il, se » tend dans mes mains ; mes fléches vont partir » d'elles-mêmes ; on connaîtra les deux Amis. » A ces mots, ils tirent leurs fléches qui tuent un Outaouais et en blessent deux, dont un seul fut hors de combat. Les deux Amis jettent leur arc derriere le dos, et la massue à la main, fondent sur les Outaouais qui viennent à eux au nombre de quatre, tandis que deux autres emmenaient les prisonniers.

Tolho et Mouza échapperent adroitement à ces quatre Outaouais, et s'élancerent comme des traits sur ceux qui conduisaient les captifs. La nuit qui succédait au crépuscule, et les rameaux des grands arbres répandaient tant d'obscurité, qu'on avait peine à distinguer les objets. Les deux sauvages voyant des ennemis

V 4

et ne sachant pas leur nombre, songerent à se sauver, mais après avoir massacré leurs captifs. Mouza le premier arrive à leur secours, et les deux bourreaux prirent la fuite. Tolho les poursuivit un moment. Deux captifs cependant avaient été assommés, et dans ceux qui restaient, Mouza reconnut Erimé et Cheriko. « Erimé, Erimé, s'écria-t-il, je mourrai ou » je te sauverai la vie. » -- «Je te la dois, jeune » et beau Mouza, dit Erimé, je te la dois. » Au cri de Mouza, à la voix d'Erimé, Tolho revient; les Outaouais réunis reviennent les attaquer. Erimé et ses deux compagnons, enchaînés encore, s'éloignaient du combat avec peine, et en traînant avec leurs chaînes les cadavres des deux Iroquois massacrés. Les deux Amis tuerent d'abord deux Outaouais. Tolho en vit un qui retournait sur les captifs : il courut à lui et le tua.

Erimé tremblante et lui tendant la main, le pria de rompre leurs liens. Tolho, ivre d'amour et de joie, lui rendit ce service; mais il fallut un peu de tems.

Dès qu'Erimé fût libre, elle se précipita aux genoux de son libérateur qui s'en débarrassa pour aller rejoindre son ami.

Quelle fut la crainte et douleur de Tolho, quand il ne retrouva plus ni Mouza, ni les Outaouais ! Il répéta plusieurs fois de toutes ses forces le nom de Mouza : on ne lui répondit point. Il préta l'oreille et il n'entendit que le bruit terrible du Niagara. Il revint vers Erimé, qui, dégagée de ses liens, achevait de briser ceux de ses compagnons. Tolho les arma de l'arc et des fléches de deux Outaouais tués dans le combat. Ils erraient tous au hasard dans cette obscurité vaste et profonde, au bruit des flots qui se précipitaient des montagnes ; ils jettaient de tems en tems des cris de douleur, et quoiqu'assurés de n'être point entendus, ils répétaient de moment en moment le nom de Mouza. Après avoir fait dans la forêt plusieurs tours et détours, ils se retrouverent au lever du soleil, sur le lieu du combat : ils y virent les corps de quatre Outaouais, et chercherent en vain celui de Mouza. Tolho, accablé de lassitude et de désespoir, affaibli par le sang que de légeres blessures lui avaient fait répandre, tomba sans sentiment au pied d'un vieux chêne : Erimé et les deux Iroquois firent leurs efforts pour le rappeller à la vie ; il reprit peu-à-peu du mouvement ; on vit les larmes couler le long de ses joues, et ses yeux s'ouvrirent : il regarda autour de lui, et prononça le nom de Mouza.

Erimé était à ses côtés, et cherchait à le consoler par les caresses les plus tendres, elle lui jurait, au nom du Grand Esprit, un attachement éternel. Tolho la regarda et lui dit :

« Mouza était ton amant : c'est lui qui le
» premier t'a sauvé la vie : les Outaouais vont
» dévorer l'ami de Tolho et le cœur qui t'adore. »
Erimé se tut et fondit en larmes. Ils se livraient ensemble à leurs douleurs ; Cheriko se leva. C'était un homme de cinquante ans, distingué par plusieurs actions de courage : il avait même été plus d'une fois chef de guerre et toujours victorieux : on estimait dans Ontaïo son grand sens et sa justice. « Jeune homme, dit-il à
» Tolho, je suis touché de ta douleur ; mais
» la douleur ne doit point abattre l'homme. Les
» perfides Outaouais ont enlevé ton ami : ils
» l'ont peut-être laissé vivre encore. Allons lui
» rendre la liberté : s'il n'est plus, allons le
» venger, et teindre les eaux du grand fleuve
» du sang des Outaouais. Les perfides sont venus
» comme des brigands nous enlever une femme
» et quatre guerriers ; nous ne sommes qu'à
» deux journées d'Ontaïo ; allons-y réveiller la

» guerre. En arrivant, je vais donner le festin
» des combats : je rappellerai à nos guerriers,
» les victoires qu'ils ont remportées avec moi :
» ils me nommeront leur chef, et tu seras
» vengé. »

Tolho, ranimé par l'espérance de sauver son
ami ou de le venger, rendit graces à Cheriko :
ils se mirent en chemin. Erimé ne quittait point
les pas de son libérateur. Vers les deux tiers
du jour, ils s'arrêterent auprès d'un ruisseau
bordé de fraises, de framboises et d'autres fruits.
Erimé en cueillait qu'elle présentait à Tolho :
elle lui parlait, elle le consolait sans cesse :
celui-ci, touché, attendri, hors de lui-même,
lui dit combien elle lui était chere. Erimé baissa
les yeux et rougit. « Garde-toi, lui dit Tolho,
» de me répondre ; ne jette point sur moi les
» yeux du mépris, ne me regarde point des
» yeux de l'amour ; garde-toi d'expliquer ton
» cœur ; c'est la récompense que je demande
» pour t'avoir sauvé la vie. Je sauverai mon
» ami, ou je livrerai mon sein aux fléches des
» Outaouais. Si nous vivons, si Mouza et Tolho
» se retrouvent encore sur la même natte, ils
» viendront à toi, ils te parleront ; tu nous
» répondras alors. Jusques - là, gardons - nous

» d'expliquer nos cœurs. » Il prononça ces mots d'un air touché et en même tems terrible. Erimé fut émue de ce discours et ne le comprit pas.

Ils allaient quitter le ruisseau et se remettre en chemin, lorsqu'ils virent sortir du bois plusieurs hommes armés. Erimé fit un cri d'effroi, mais elle fut bientôt rassurée ; elle et ses compagnons reconnurent les Iroquois d'Ontaïo et ceux de plusieurs villages qui s'étaient réunis contre les Outaouais. Les Iroquois furent charmés de retrouver Cheriko, Erimé et Tolho : ils pleurerent les deux guerriers qu'on avait perdus : ils espererent que Mouza vivrait encore, et ils se dirent qu'il ne fallait pas perdre le moment de le délivrer.

Lorsque les peuples de ces contrées ont fait des prisonniers, ils les destinent quelquefois à remplacer auprès des veuves les époux qu'elles ont perdus ; mais le plus souvent, ces malheureux sont destinés à souffrir les supplices les plus recherchés et les plus cruels. Je ne veux point en faire la description : le tableau ferait horreur.

Je me contenterai de dire que ces barbares ont perfectionné l'art de faire souffrir leurs victimes sans les faire mourir promptement. Les premiers jours, on les accable d'outrages et de blessures douloureuses qui n'attaquent point les principes de la vie ; les jours suivans, les blessures sont plus grandes, et enfin ces misérables expirent le cinquieme ou sixieme jour dans les tourmens les plus affreux. Il est d'usage de ne mettre les prisonniers à la torture, qu'après leur avoir donné de grands festins.

Les Iroquois se flattaient d'arriver chez leurs ennemis avant que les supplices de l'infortuné Mouza fussent commencés : ils marcherent toute la nuit et le jour suivant. Erimé qui ne pouvait les suivre, retourna au village d'Ontaïo : elle se sépara de Tolho et Cheriko en fondant en larmes et en leur disant : « Allez délivrer » Mouza. »

Le soir du second jour les Iroquois apperçurent les fumées d'Aoutan, le principal village des Outaouais. Le chef plaça Cheriko et quelques jeunes gens dans un bouquet de bois peu distant du village : il cacha le gros de la troupe sous de grands arbres à fruit et dans des champs de maïs. Là ils attendirent la nuit, et l'ordre fut donné d'attaquer Aoutan une heure avant le jour.

Il y a , dans les villages de ces peuples , une place destinée au supplice des prisonniers ; auprès de cette place , on construit une loge dans laquelle on garde ces malheureux.

Cheriko et quelques sauvages , du nombre desquels était Tolho , furent chargés de se rendre directement à cette loge avant qu'on eût commencé l'attaque , et d'y délivrer Mouza s'il vivait encore.

Au moment prescrit , les Iroquois se mirent en mouvement. Cheriko et Tolho furent reconnus pour ennemis à l'entrée du village qui ne s'attendait point à être attaqué si promptement. L'alarme fut donnée , mais Cheriko et Tolho marcherent , sans s'arrêter , à la loge des prisonniers. Ils casserent la tête aux deux Outaouais qui gardaient cette loge , dans laquelle ils trouverent Mouza étendu sur une natte , pâle et couvert de plaies et de sang.

Tolho jetta un cri et se précipita sur la natte à côté de son ami , sans qu'il lui fût possible d'articuler un mot. Mouza se releva , et ranimé par la présence de Tolho et par le bruit du combat qui commençait à se faire entendre ; « ô mon ami , donne-moi des armes , dit-il ; » mes blessures sont cruelles , mais elles n'ont

» point épuisé mes forces. La douleur pour-
» rait-elle empêcher ton ami de combattre avec
» toi ? »

On lui donna un arc et des fléches ; ils sor-
tirent de la loge ; Mouza marchait avec peine
et combattait avec rage.

Les Outaouais surpris, furent d'abord vaincus : la plupart prirent la fuite et se disperserent
dans les forêts : ce qui ne put fuir, fut massacré sans pitié. Quelques-uns vendirent chére-
ment leur vie. Cheriko reçut une fléche dans
la poitrine. Ce malheur empoisonna le plaisir
des vainqueurs, et fut surtout sensible à Tolho
et à Mouza.

Les Iroquois, après avoir mis tout à feu et
à sang, se rassemblerent sur la place et se dis-
poserent à partir. Ils enchaînerent quelques
jeunes hommes qu'ils destinaient à remplacer
les guerriers qu'ils avaient perdus, et ils se
mirent en marche. Les prisonniers transpor-
taient sur des brancards Cheriko qui était blessé
dangereusement, et Mouza que ses plaies empêchaient de suivre la troupe. Tolho ne quittait
point le brancard de son ami. Bientôt ils se
conterent ce qui était arrivé à chacun d'eux
depuis qu'ils ne s'étaient vus. Mouza fut trans-

porté de joie d'apprendre qu'Erimé était sauvée ;
il le fut aussi de la maniere dont Tolho avait
parlé à cette fille. Après avoir exprimé à son
ami tous les sentimens qui remplissaient son
cœur : « J'ai été digne de toi, lui dit-il ; tu me
» vis combattre ; tu sais que les Outaouais ne
» me résistaient pas : ils ne me résistaient pas
» les perfides Outaouais ; mais deux d'entr'eux
» me surprirent, me saisirent par derriere, me
» lierent les mains et me forcerent à les suivre.
» Je t'appellai à mon secours ; tu ne me ré-
» pondis pas. Je craignis que la fléche de l'Ou-
» taouais n'eût fait couler ton sang. Je marchais
» accompagné de ma douleur, et j'arrivai le
» lendemain dans l'enceinte d'Aoutan. Les
» femmes et les enfans m'accablerent d'injures
» et me lancerent des pierres : je ne fus ébranlé
» ni par les coups, ni par les outrages ; je tra-
» versai le village à pas lents, le front calme
» et la tête élevée, et mes regards exprimaient
» le mépris. Cependant le désespoir était dans
» mon cœur ; je craignis que les Outaouais ne
» vissent ma tristesse. S'ils l'avaient vue, ils
» auraient dit que ton ami craignait les sup-
» plices et la mort. Je fus entouré des veuves
» des Outaouais. L'une d'elles dit ces paroles :
» Que

» Que le jeune Iroquois soit le maître de ma
» cabane, et que sa chasse nourrisse mes enfans.
» Femme, lui répondis-je, les Outaouais ne
» me compteront point au nombre de leurs
» chasseurs, et je ne serai point le maître de ta
» cabane ; je demande la mort. Les veuves et
» les jeunes gens jetterent des cris d'indigna-
» tion, et je fus condamné aux supplices. Le
» lendemain, je souffris pendant deux heures la
» cruauté de nos ennemis. Tu vois qu'ils ont
» placé des fers brûlans sur plusieurs endroits
» de mon corps : ils ont arraché plusieurs de
» mes ongles. Mon cher Tolho, je me suis
» montré homme, et voici ce que je leur ai
» chanté.

» J'ai vu vos prisonniers chercher d'un œil
» inquiet la veuve qui viendrait les sauver ; mais
» les veuves des Iroquois ne veulent point de
» vos guerriers pour époux.

» J'ai vu vos prisonniers, je les ai vu rire
» dans la douleur ; mais ils ne vont point au-
» devant de la douleur comme le jeune Iroquois.

» Femmes, enfans, guerriers d'Aoutan, vous
» prolongez mes supplices, et je chanterai ma
» douleur ; redoublez mes supplices, et je
» cesserai de vivre parmi vous.

Tome V.   X

» O vaillans Iroquois , mes freres ! O Tolho ,
» l'ami de mon cœur ! O belle Erimé , la plus
» chere des filles ! je ne vivrai point parmi vos
» ennemis ; je me complais dans ma mort.
» Adieu. »

Pendant ce récit , Tolho versait des larmes
d'attendrissement et d'admiration : il jouissait
des vertus de son ami et du plaisir de l'avoir
délivré.

Cependant les blessures de Mouza se gué-
rissaient , malgré la fatigue de la route. Chez
ces peuples , dont le sang n'est point corrompu
par les vins , les mets et la débauche de nos
climats , les plus grandes blessures sont guéries
en peu de jours , surtout dans la jeunesse.
Cheriko , plus âgé que Mouza et blessé plus
dangereusement, semblait s'affaiblir et s'éteindre :
il conservait à peine un reste de vie , lorsque
la petite armée des Iroquois arriva dans Ontaïo.
Mouza et Tolho lui avaient prodigué leurs soins,
et il était rempli de vénération et de tendresse
pour ces deux jeunes gens. Il les avait entendus
souvent , pendant la route , prononcer le nom
d'Erimé , en se parlant avec beaucoup d'émotion : il avait deviné qu'ils étaient amoureux de
sa niece , et il leur avait fait à ce sujet, quelques plaisanteries qui les affligerent.

Le matin du jour qu'on arrivait dans Ontaïo, Tolho et Mouza révélerent leur passion et leur dessein à Chériko : ils oserent le conjurer de leur être favorable. Le vieillard fut d'abord opposé à une sorte d'union qui, sans être contraire au caractere et aux mœurs des Iroquois, n'était pas dans leurs usages. Il sentit que cette union avait des dangers ; il les fit voir aux deux Amis ; il les exhortait à combattre leur passion ; mais pour réponse à cette exhortation, ils lui conterent tout ce qu'ils avaient fait. Alors le vieillard, touché de l'état cruel de ces deux jeunes héros, attendri par leurs larmes, plein de respect pour leur amitié généreuse, assuré que sa niece, qui allait le perdre, vivrait dans l'opulence et respectée de son village, pour avoir fait la conquête des deux plus braves guerriers de la nation, persuadé que la délicatesse et la force de leur amitié les rendrait ingénieux à prévenir la jalousie, convaincu même que la conduite que ces deux Amis se proposaient de tenir avec Erimé, pouvait leur faire éviter non toutes les peines, mais toutes les dissensions ; entraîné aussi par le sentiment des services qu'ils avaient rendus à sa niece et à lui, et que Tolho et Mouza lui rappellerent, il leur promit de les servir avec chaleur auprès d'Erimé.

Cependant les filles, les enfans, les vieillards d'Ontaïo vinrent au-devant des vainqueurs, chantant leurs louanges. Tolho et Mouza marchaient à la tête de la troupe, comme ceux des guerriers qui s'étaient le plus distingués. Erimé fut ravie de revoir les deux jeunes Amis. Tolho lui conta tout ce que Mouza venait de souffrir chez les Outaouais. Mouza lui conta les exploits de son ami qui l'avait délivré ; mais bientôt elle ne parut occupée que de la blessure de Cheriko. Il crut sentir que sa fin approchait : il fit sortir de sa cabane tous les Iroquois, et quand il fut seul avec sa niece : « Erimé, dit-il, je vais » passer dans la terre étrangere ; c'est à toi, » fille de ma sœur, à donner à mes amis un » festin sur ma tombe. Que le poteau que tu » éleveras auprès de ma tombe, dise à mes » amis, quel homme fut Cheriko. Les cheve- » lures de vingt-trois de nos ennemis tapissent » ma cabane. J'ai cinq fois été chef de guerre ; » je n'ai perdu que six hommes, et j'ai pris » ou tué cent hommes à l'ennemi. La flèche » de l'Outaouais m'a frappé, lorsque je déli- » vrais un Iroquois ; les tigres et les ours crai-

» gnent la massue de Cheriko ; l'orignal et le
» chevreuil ont rempli mes chaudieres ; ma
» chasse a nourri souvent les enfans de la veuve
» et le vieillard ; je n'ai jamais été coupable du
» grand crime. (C'est le nom que les Iroquois
» donnent à l'ingratitude). Mon esprit n'a jamais
» perdu la mémoire du bienfait. Voilà ce que
» doit dire le poteau que tu éleveras sur ma
» tombe. Je te laisse d'autres devoirs. O toi,
» qui me dois la gloire et les beaux jours de
» ta jeunesse , n'oublie jamais ce que nous
» devons à Tolho et à Mouza. Ils t'aiment plus
» que la lumiere ; ils ne peuvent en jouir sans
» toi : tu sais comme ils sont unis ; la vie de
» l'un est la vie de l'autre ; et cependant Mouza
» ne peut te céder à Tolho , celui-ci ne peut
» te céder à Mouza : ils ont brisé tes liens , et
» ils vont perdre la vie consumés par l'amour.
» Ne me laisse point partir pour la terre étran-
» gere , sans m'assurer que les deux plus braves
» de nos guerriers, les meilleurs entre nos jeunes
» gens , ne seront point malheureux ; qu'ils ha-
» bitent avec toi la cabane que je te laisse. Il
» n'est qu'un danger à craindre pour toi. Tu
» mettras la colere dans leur cœur, si tu laisses
» voir qu'il en est un que tu préferes à l'autre ;

» tu romperais leur amitié , qui fera leur gloire
» et la tienne. Tous deux méritent ton cœur ;
» qu'ils le possedent également ; ne souris point
» à l'un , sans sourire à l'autre ; réponds à leur
» amour , ne le préviens jamais. Vis heureuse,
» ma chere Erimé , tu le peux ; souviens-toi
» de Cheriko , qui va bientôt dans la terre que
» le Grand Esprit couvre en tout tems de fruits
» et de fleurs. »

Cheriko cessa de parler , et sa niece versa quelques larmes. Après un moment de silence , elle dit qu'elle devait tout aux deux jeunes Amis et à lui, et qu'elle ne serait point coupable du grand crime.

Cheriko appella Tolho et Mouza, qui étaient dans une chambre voisine et séparée de celle du vieillard par une cloison de natte : ils auraient entendu le discours du vieillard, si sa voix avait été moins faible ; mais ils entendirent du moins la réponse d'Erimé : ils entrerent en se précipitant aux pieds de cette belle fille : chacun d'eux prit une de ses mains, qu'il couvrit de ses baisers. « Nous serons tous heureux , dit » Mouza ; « Nous vivrons pour Erimé, dit » Tolho. » Ils se jetterent aux pieds de Cheriko, » et lui rendirent graces. Le vieillard parut un moment ranimé par la joie de ses amis. Il leur dit qu'il se trouvait mieux. Le lendemain, il parut avoir plus de forces; et il donna beaucoup d'espérance qu'il pouvait guérir. Mouza et Tolho se dirent qu'il était tems d'achever leur mariage, et que le vieillard se portait assez bien pour qu'on pût en parler à sa niece.

Dans les différentes conversations qu'ils avaient eues ensemble le jour précédent, ils avaient décidé qu'ils ne verraient leur épouse en particulier que la nuit; mais ils n'avaient point décidé auquel des deux serait accordée la premiere nuit. Ils prenaient l'un et l'autre des détours pour se parler de cet article délicat. Tous deux étaient dévorés d'impatience : ils craignaient également de paraître demander une préférence et d'exciter entre eux de la jalousie; enfin Mouza céda le premier à la générosité de son cœur. « Tolho, dit-il, je serais malheureux, si » la belle Erimé te nommait ce soir son époux ; » mais c'est Mouza qui te cede les plaisirs de » cette nuit ; sois heureux. » Après ce peu de mots, il s'éloignait en soupirant. « Arrête, » s'écria Tolho, arrête. J'atteste le Grand » Esprit que Tolho est aussi capable que » toi de dompter son cœur. « Je le crois, » dit Mouza ; mais sois le plus heureux cette

» nuit, je n'en serai point tourmenté. « Je le
» serai, dit Tolho ; j'aurai la honte d'être le
» moins généreux. » Mouza l'interrompit en
disant : « Je suis le premier à qui Erimé a dit
» les paroles d'amour, et c'est moi qui, le pre-
» mier, ai sauvé les jours d'Erimé dans la forêt.
» Quelles tortures n'ai-je pas souffertes pour
» elle chez les Outaouais ; mais qu'importe ,
» sois heureux , je ne serai point jaloux. Ah !
» dit Tolho , que n'ai-je pas souffert le jour où
» je voulus me précipiter dans le grand fleuve ?
» Que n'ai-je pas fait pour Erimé et pour toi ?
» Ne me devez-vous pas tous deux la vie et
» la liberté ? Mais qu'importe , que Mouza soit
» heureux cette nuit, je ne serai point jaloux.
« Mais , dit Mouza, si Cheriko nommait celui
» d'entre nous..... « J'y consens, dit Tolho.»
Ils entrerent dans la cabane ; ils raconterent ce
qui venait de se passer entre eux. Mouza qui
avait fait, le premier, le sacrifice de soi-même ,
fut nommé par Cheriko. Il fit signe à sa niece
de passer dans la chambre voisine où Mouza la
suivit.

Tolho rougit, pâlit, garda quelque tems le
silence , et après un moment de réflexion ,
s'occupa vivement de Cheriko. Il lui rendait

des soins, même inutiles, avec un zele et une
activité extrêmes : il montrait, sur la santé du
veillard, une inquiétude dont cette santé n'était
pas l'objet. Il ne pouvait rester un moment
tranquille sur sa natte : il entendit quelque bruit
dans la chambre voisine : il se leva et sortit de
la cabane avec précipitation.

Cependant Mouza se trouvait au comble de
ses vœux. Erimé, jeune, belle, vive, recevait
avec transport les caresses de son époux. Après
s'être abandonnés l'un et l'autre à l'ivresse des
sens, ils devinrent tendres. « Oh ! disait Mouza,
» tu es l'ame de nos ames ; tu es la seule femme
» qui soit belle pour mon ami et pour moi.
» C'est pour moi que tu es belle aujourd'hui ;
» tu le seras demain pour mon ami. Dis-moi
» que tu aimes Tolho, et demain garde-toi
» d'oublier Mouza. » Erimé lui dit que Tolho
lui était cher, et lui prodigua encore les caresses les plus tendres. Mais à peine cet ami
généreux apperçut la premiere lueur du crépuscule ; « je souffre, dit-il à Erimé, des peines
» de mon ami : allons lui dire combien il est
» aimé. »

Cependant lorsque Tolho était sorti de la
cabane, il s'était arrêté sous les arbres qui

l'environnaient. La nuit était obscure, le vent agitait le feuillage, on entendait les animaux féroces qui rugissaient dans l'éloignement. Ces bruits lugubres et les ténebres ajoutaient à la tristesse et à l'agitation de Tolho : il se remit en mouvement et se promenait à grands pas autour de la cabane : il s'en approchait par un instinct machinal ; mais il s'en éloigna subitement, dans la crainte d'entendre quelques mots qui lui auraient percé le cœur. Le crépuscule ne devait pas tarder à paraître, la cause des supplices de Tolho devait bientôt cesser ; il regardait du côté de l'orient. La couleur opale qu'il découvrait sur cette partie du ciel, lui annonçait le jour et le repos, les transports de sa jalousie devenaient moins violens ; son inquiétude se calmait peu-à-peu ; son ame forte et vive, disposée à l'enthousiasme, retrouvait celui de l'amitié ; elle s'y livrait, elle sentait même la joie, et l'amour n'était plus pour elle un tourment.

« Soleil, s'écria-t il, sors de ton grand lac » et de tes nuages ; Pere de la vie, fils aîné du » Grand Esprit, chasse les ombres.

» Soleil, rends la joie au monde ; que les » ombres sont terribles ! Qu'elles pesent tris-

» tement sur la terre ! C'est dans les ombres
» que le tigre surprend sa proie, et que la
» jalousie déchire le cœur. »

Il avait à peine prononcé ces derniers mots,
qu'il se vit dans les bras de son ami. « Ah ! dit
» Mouza, il ne manque à mon bonheur qu'un
» souris de Tolho. Cher ami, sois content,
» Erimé nous aime l'un et l'autre. » Ils rentrerent
ensemble dans la cabane. Erimé et Mouza montrerent à Tolho plus de tendresse que jamais :
ils le prévenaient sur tout ; ils s'occupaient de
lui ; enfin la nature leur inspirait tout ce qu'il
fallait faire et dire pour consoler l'amour-
propre de partager ce qu'il veut posséder seul.
Tolho reprit sa gaîté, et ils passerent ensemble
une journée délicieuse. Cependant vers le soir,
Mouza parut un peu rêveur. Erimé en devina
la cause ; elle eut pour lui une partie des attentions qu'un moment auparavant elle avait eues
pour Tolho. Celui-ci devina le motif des attentions d'Erimé et les imita. Quelqu'avide qu'il
fût des plaisirs qui l'attendaient, amoureux,
ardent, passionné, mais généreux, il ne fut
pas insensible à la nuance de tristesse qu'il remarquait sur le visage de son ami. La nuit
vint, et Cheriko demanda qu'Erimé et Tolho

le laissassent seul avec Mouza. Ils lui obéirent.

Tolho passa les premieres heures de la nuit dans les transports les plus délicieux, et jouit de tous les plaisirs que lui avaient promis les charmes d'Erimé et l'emportement de sa passion. Erimé parut répondre à son amour. On n'a point su lequel de ces époux lui était le plus cher et le plus agréable. On a dit qu'elle était plus tendre avec Mouza et plus passionnée avec Tolho. Dans cette premiere nuit qui vaut toujours mieux que celles qui la suivent, lorsque les transports de Tolho furent un peu calmés : « Erimé, dit-il, tu es l'ame de nos ames : nous » vivons en toi. S'il en est un de nous qui soit » plus cher que l'autre à ton cœur, ne laisse » point échapper ce secret : un mot de ta » bouche ôterait la vie aux deux Amis. Regne » sur Tolho, regne sur Mouza, et qu'ils con- » servent jusqu'au tombeau les sentimens qu'ils » ont l'un pour l'autre et pour toi. « J'ai associé » mon cœur à vos cœurs, répondit Erimé : » soyez heureux, je serai heureuse. »

Mouza, resté seul avec Cheriko, lui parut accablé de sa tristesse. « Jeune homme, lui dit » le vieillard, tu as chanté dans les supplices, » et tu te laisses abattre par la jalousie. Quand

» tu bravais les tourmens chez les Outaouais,
» que faisais-tu ? Ton ame s'élançait au-dehors ,
» le fer et le feu ne saisissaient point ta pensée,
» et la douleur qui se promenait sur ton corps,
» ne pénétrait point jusqu'à toi. « Il est vrai,
» dit Mouza, mais je portais alors ma pen-
» sée sur Tolho et sur Erimé; je les vois dans
» ce moment, je les vois, et ce sont eux qui
» m'affligent. Oh bon Vieillard ! où porterai-je
» ma pensée ? où pourra-t-elle s'arrêter loin
» d'Erimé et de Tolho ? « Porte-la, dit Cheriko,
» dans le passé et dans l'avenir ; rappelle-toi les
» délices dont l'amitié a rempli ton cœur, les se-
» cours et la gloire qu'elle te promet : penses à
» la nuit heureuse que tu as passée avec Erimé,
» et aux nuits semblables qui te sont promises
» encore. O jeune homme ! il nous est donné
» quelques momens qu'il faut saisir avec avidité,
» et dont il faut jouir avec ivresse ; mais dans
» le plus grand nombre de nos momens, nous
» souffrons , si nous ne savons pas jouir de
»' l'avenir et du passé, du souvenir et de l'espé-
» rance. Je me tais, je t'abandonne à tes pensées,
» et si tu sais les diriger , tu retrouveras ton
» courage. Souviens-toi que la nuit marche à
» grands pas ; le jour la suit. »

Mouza, qui trouvait tous les momens de cette nuit d'une énorme longueur, sortit dans l'espérance de voir bientôt l'aurore. Cette espérance et le discours du vieillard avaient un peu ranimé Mouza : il n'était plus dans l'abattement : une douleur qu'on veut combattre et qui est mêlée d'espérance, agite l'esprit, dispose le corps au mouvement. Mouza se promenait sous les arbres qui étaient aux environs de la cabane : l'air était frais, le ciel était pur, la nuit tranquille ; les étoiles étincelaient à travers les arbres ; les pâles rayons de la lune perçaient le feuillage, ils tombaient sur la rosée du gazon qui semblait couvert d'un voile d'argent ; un ruisseau peu distant roulait et murmurait dans une prairie voisine : Mouza l'entendait ; il entendait aussi le chant voluptueux et tendre de quelques oiseaux qui annonçaient le crépuscule. Ce calme et cette fraîcheur de la nature ; cette douce lumiere, cette obscurité modérée, ces sons variés qui interrompaient faiblement le silence de la nuit, l'espérance de voir bientôt renaître l'aurore, ne firent point cesser la mélancolie de Mouza, mais lui prêterent des charmes. Son ame avait encore des regrets, de l'inquiétude ; mais cette inquiétude, ces regrets, étaient accompagnés d'amour, d'amitié, d'espérance : ces sentimens, les plus agréables de l'humanité, dominaient dans le cœur de Mouza ; il se livrait à sa sensibilité vive et profonde, et il l'exprima bientôt avec cette facilité et ce talent naturel que tous les sauvages ont pour la poésie.

« J'aime, dit-il, j'aime : l'esprit d'amour est » mon ame ; qu'il me donne de vie et de délices ! » J'aime.

» Mes larmes coulent ; il m'échappe des sou- » pirs profonds ; mes larmes me sont cheres, » mes soupirs sont doux, j'aime.

» Que ce silence, cette douce obscurité, » ces astres d'or, cette belle lune, ce chant » des oiseaux, ont de charmes pour moi ! » J'aime.

» J'aime Erimé ; j'aime Tolho, et c'est parce » qu'ils me sont chers, que tout me plaît dans » la nature.

» L'aurore va blanchir l'orient ; le jour va » paraître, et il sera plus délicieux encore que » cette belle nuit. J'aime. »

Après cette douce ivresse, Mouza rentra dans la chambre de Cheriko : il y trouva le couple qu'il aimait ; il était si rempli de ses sentimens, qu'il fut quelque tems sans pouvoir les exprimer. Il reçut et rendit bientôt les caresses les plus tendres. Tous trois paraissaient contens, et ils l'étaient. Ce qui ajoutait encore à leur bonheur, Cheriko guérissait de sa blessure. Le grand sens de ce sage vieillard contribua beaucoup à maintenir la paix dans ce ménage extraordinaire. La passion des deux amans éveillée de tems en tems par un peu de jalousie, se conserva long-tems dans sa force ; Erimé ne parut se refroidir ni pour l'un ni pour l'autre de ses époux. Tous trois, après avoir passé leur premiere jeunesse dans les plaisirs et l'agitation de l'amour, jouirent de la paix et des douceurs de l'amitié. Erimé devint un nouvel ami que s'étaient donné Tolho et Mouza : toujours aussi intimément unis qu'ils l'avaient été dans l'enfance, ils continuerent de se distinguer par leur adresse à la chasse, et par leur valeur à la guerre. Ils furent souvent les chefs de leur nation, et ils partageaient le commandement comme les dangers ; ils consolerent Cheriko de sa vieillesse, ils imiterent ses vertus. L'heureuse Erimé fut toujours vigilante, douce, attentive, laborieuse, et le modele de la fidélité conjugale.

Fin du cinquieme volume.